RAFA NADAL

RAFA NADAL

LE ROI DU COURT

DOMINIC BLISS

MARABOUT

Titre original : *Rafa Nadal, the King of the Court*

Publié pour la première fois au Royaume-Uni en 2022 par Ivy Press,
une marque de Quarto Publishing plc
The Old Brewery, 6 Blundell Street
London N7 9BH, United Kingdom

Création graphique par Darren Jordan, Rockjaw Creative

Pour la version française :
Traduction de l'anglais : Aurélien Sagnier
Préparation de copie : David Lerozier
Relecture : Copie Qualité
Maquette : Thierry Sestier

Imprimé par 1010 Printing International Limited en Chine en juin 2022.
Pour le compte des éditions Hachette Livre (Marabout)
58, rue Jean-Bleuzen, 92170 Vanves
Dépôt légal : septembre 2022
ISBN : 978-2-501-17436-7
6859841/01

Ce livre n'est pas cautionné par Rafael Nadal.
L'auteur est reconnaissant pour les entretiens
que Rafael Nadal lui a accordés au cours
de sa remarquable carrière de joueur.

MIXTE
Papier issu de
sources responsables
FSC® C016973

CONTENTS

INTRODUCTION

On le surnomme « le Taureau de Manacor ». Pour comprendre pourquoi, il suffit de regarder Rafa charger et suer aux quatre coins du court, à user ses adversaires jusqu'à ce qu'ils se soumettent, avec un mélange de vitesse, de puissance et de musculature à l'état brut. Ce surnom a même donné naissance à son logo, qu'il arbore sur sa tenue de tennis et ses produits dérivés : deux cornes de taureau symétriques et des éclairs.

Pourtant, ne vous laissez pas berner par son machisme de toréador. Car à l'intérieur de ce superhéros musclé qui ravage les courts se trouve un être humain aussi vulnérable que vous et moi. De temps à autre, cette vulnérabilité fait surface dans les tics et les routines de Rafa.

C'est ce qui rend cet homme aussi intrigant : il est à la fois simple mortel et demi-dieu herculéen, ou simultanément Clark Kent et Superman, comme il s'est lui-même décrit. On peut parfois avoir l'impression que sous l'exosquelette de superhéros se cache un petit garçon effrayé. Après tout, c'est un adulte qui dort encore avec la lumière allumée et qui a peur des orages, comme vous le découvrirez dans ces pages.

Cet ouvrage examine en profondeur ces deux aspects de la personnalité de Rafa. Très attaché à son île natale de Majorque, il est désormais défini par ses autres attributs : gaucher, espagnol, agressif dans son style de jeu, businessman ; ses relations avec son oncle Toni, ses amis et sa famille, sa femme Mery, ainsi que son appétit insatiable pour les titres du Grand Chelem.

Nous analyserons les dix matchs les plus importants de sa carrière, de son premier succès majeur sur le Tour ATP en 2003, ainsi que ses victoires clés en Grand Chelem, en Coupe Davis ou aux Jeux Olympiques.

Des infographies statistiques vous fourniront un nouvel éclairage sur sa carrière. Le tennis allie toujours caractère et analyse mathématique. Pour réellement comprendre qui est Rafa, les deux aspects doivent être disséqués.

À DROITE : Rafa après son sacre à Roland-Garros en 2022.

ROLAND GARROS
SIMPLE MESSIEURS

C'est vrai que j'ai vécu des moments difficiles pendant toute ma carrière.
Mais avec une attitude positive et en m'entourant des bonnes personnes – qui ont joué un rôle clé –, je suis parvenu à aller de l'avant.

Rafa Nadal

LES JEUNES ANNÉES

Reebok

À GAUCHE : le jeune Rafa avec un trophée remporté au Club Tenis Manacor.

Autrefois, Manacor était connu pour deux choses : son artisanat de meubles et ses perles artificielles. Mais depuis le début des années 2000, ces deux activités ont été totalement éclipsées par la renommée grandissante de l'un des Majorquins les plus célèbres, voire le plus célèbre de l'Histoire : Rafa Nadal. Aujourd'hui reconnu dans le monde entier, ce joueur de tennis aux 22 titres de Grand Chelem en simple (au moment de l'écriture de cet ouvrage) a fait la renommée de son village natal.

Manacor n'a pourtant rien d'exceptionnel, à bien y regarder. Après la capitale, Palma de Majorque, il s'agit du deuxième ou troisième centre le plus important de l'île, selon les opinions.

Les guides touristiques ne sont pas tendres. « Ville natale de la star du tennis Rafael Nadal, Manacor l'industrieuse affiche la couleur bien avant que vous ne l'atteigniez : la route qui y mène est jonchée d'immenses panneaux faisant la promotion de ses usines de meubles, de fer forgé et de perles artificielles, décrit le *Rough Guide*. Manacor est devenue la deuxième ville de Majorque : bien plus petite que Palma, mais assez grande pour posséder des banlieues peu ragoûtantes. Ses habitants martèlent que Manacor est "un grand village, pas une ville" et, conformément à ce principe, son vieux centre a été restauré avec goût, ses bâtiments les plus importants polis et frottés, et des arbres et des buissons ont été plantés sur ses avenues et ses places. »

Honnêtement, cette ville est fade et plutôt industrielle, même si elle abrite quelques jolis bâtiments. Le site Internet de la ville met en avant son école de musique et de danse, son musée d'histoire, sa bibliothèque, son institut de langue catalane et son théâtre. Mais il s'agit évidemment de mises en bouche pour l'attraction principale de la ville : son fils prodige.

Le nom de Rafa est désormais inextricablement lié à l'île sur laquelle il est né et habite encore. Chaque Majorquin, natif ou expatrié, le connaît. Le surnom de « Senõr Majorque » lui irait bien.

Rafael Nadal Parera est né le 3 juin 1986. Comme tous les Espagnols, son premier nom de famille – celui communément utilisé – lui vient de son père, Sebastián Nadal, tandis qu'il doit son deuxième nom de famille à sa mère, María Parera. Au passage, en majorquin (le dialecte catalan parlé sur l'île), *Nadal* signifie « Noël », un mot ayant la même racine que « Nativité », la naissance de Jésus-Christ.

Rafa a commencé à jouer au tennis à l'âge de 4 ans, dans le club de sa ville, le Club Tenis Manacor situé sur l'Avenida del Parc, à l'est du centre-ville. Il a depuis été rénové et compte désormais cinq courts de tennis, deux terrains de squash et deux autres réservés au padel, cette discipline populaire qui se joue sur un court plus petit avec un mur. Mais au début des années 1990, lorsque Rafa a commencé à y passer du temps, les infrastructures du club étaient bien plus modestes, comme nous les décrirons poliment. Le kitsch club-house central servait de bonnes pizzas dans le restaurant à l'étage et disposait d'un bar bien garni. Mais le décor miteux des années 1950 méritait d'être rafraîchi.

Il est surprenant qu'un club qui a formé l'un des plus célèbres joueurs de tennis d'Europe affiche si peu de preuves que Rafa y ait passé la majorité de sa jeunesse. Quelques posters bon marché sont bien punaisés au mur ici et là, mais aucune trace d'une statue à son effigie, d'un court

À GAUCHE : le Club Tenis Manacor, où Rafa a débuté.

baptisé en son honneur ou de plaque encourageant les jeunes Majorquins à suivre l'exemple de leur héros. Le club où il a fait ses gammes il y a tant d'années est désormais éclipsé par le centre de tennis que Rafa et sa famille ont bâti à proximité et qui est à la fois plus grand, plus moderne et plus impressionnant, composé de l'académie Rafa-Nadal et du centre sportif Rafa-Nadal.

À l'époque, le jeune Rafa et sa famille vivaient dans un appartement pile en face du club de tennis. Son oncle Toni y travaillait en tant qu'entraîneur. Rafa était déjà un bon joueur de football : il jouait souvent avec ses amis dans les rues de Manacor. Un jour, il a rejoint un groupe de jeunes tennismen que son oncle entraînait. Toni a confié qu'au départ, son neveu trouvait ce sport ennuyeux par rapport au foot. Plus tard, Rafa lui-même a reconnu s'être rendu compte dès le début qu'il était doué pour le tennis. « La première fois que j'ai joué, j'avais déjà un bon toucher de balle, expliquait-il. Je jouais déjà bien. »

EN BAS À GAUCHE : Toni, l'oncle de Rafa, dirigeant son protégé à Roland-Garros en 2006.

EN BAS À DROITE : Rafa a remporté en 2000 le tournoi des Petits As, la plus grande compétition junior d'Europe organisée à Tarbes.

28 JANVIER
6 FÉVRIER
50 NATIONS
ENTRÉE
GRATUITE
Coca-Cola

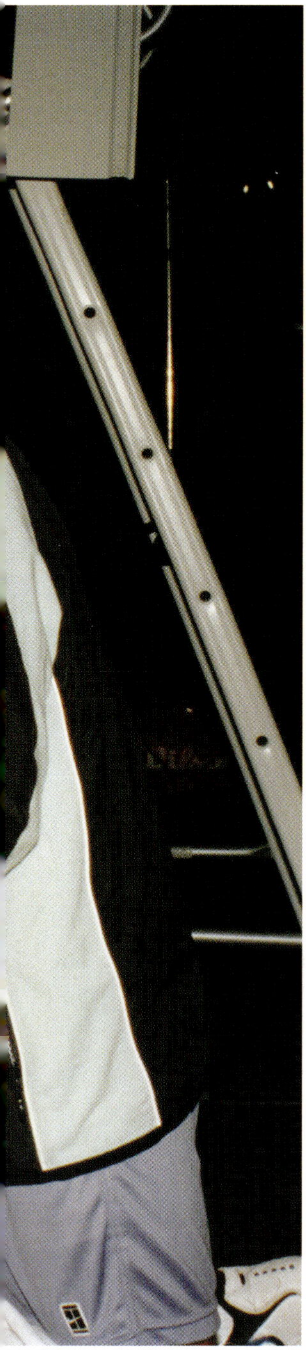

À GAUCHE : tout jeune déjà, Rafa était très proche de ses fans. Ici, il signe des autographes au tournoi des Petits Princes, en France.

Rafa a été entraîné seul par son oncle jusqu'à ses 13 ans. Ensuite, il se joignait aux entraînements du groupe de son oncle. Toutefois, son statut de neveu de Toni ne lui garantissait aucune faveur. « Toni a été dur avec moi dès le début, plus dur qu'avec les autres enfants », se souvenait le joueur dans sa biographie *Rafa : My Story*, publiée en 2011. « Il était très exigeant avec moi, il me mettait beaucoup de pression. Il m'engueulait, il me criait dessus, il me faisait peur… surtout quand les autres garçons ne venaient pas à l'entraînement et que l'on se retrouvait seulement tous les deux. Quand j'arrivais à l'entraînement et que je voyais que l'on ne serait qu'entre nous, j'en avais mal au ventre. »

Rafa affirme que Toni le sollicitait beaucoup et en faisait même son « souffre-douleur », en le forçant, par exemple, à ramasser plus de balles que les autres jeunes du groupe, à la fin des entraînements. Toni demandait à Rafa de balayer les courts en terre battue après chaque entraînement collectif. Il n'hésitait pas à lui lancer une balle de tennis de l'autre côté du court lorsqu'il était dissipé. À plusieurs reprises, Rafa est rentré chez lui en pleurant pour se plaindre à sa mère. Le joueur qu'il est devenu croit que tout cet amour vache l'a aidé à bâtir la résilience et la force mentale qu'il a affichées ensuite dans ses matchs professionnels.

L'enfance de Rafa n'a pas manqué de discipline. Toni insistait pour qu'il ait un comportement exemplaire sur le terrain (vous ne le verrez jamais jeter sa raquette de colère, même aujourd'hui) et les parents de Rafa lui ont inculqué la politesse et la bienséance. Ils lui ont appris à bien se tenir à table, l'étiquette et le respect des autres. Lorsque la famille Nadal recevait des visiteurs, Rafa devait systématiquement les saluer. Et dans la rue, il a appris à échanger des politesses avec les connaissances de la famille. Quand l'équipe junior de football de Rafa perdait un match, son père allait même jusqu'à insister pour que son fils aille voir chaque joueur de l'équipe adverse pour les féliciter.

Premier petit-fils de la famille, Rafa était toujours chouchouté par ses grands-parents, ses oncles et ses tantes. Il y avait Don Rafael Nadal, son grand-père paternel ; Pedro Parera, son grand-père maternel ; Marilén Nadal, sa tante et marraine ; et Juan Parera, son oncle et parrain. Au cours de sa jeunesse, tous les membres de la famille étendue de Rafa vivaient à Manacor ou dans la station balnéaire proche, Porto Cristo. Rafa a décrit ses jeunes années comme « une enfance de conte de fées ». Même si ses parents sont aujourd'hui divorcés, il met toujours une grande partie de ses succès sportifs au crédit de sa famille stable et soudée.

En Espagne, fils et filles vivent souvent chez leurs parents jusqu'à ce qu'ils se marient. Et lorsqu'ils prennent enfin leur envol, ils se retrouvent encore tous les week-ends lors de grandes réunions familiales. Dans la culture espagnole, les soirées se prolongent souvent jusqu'à tard, parfois après minuit. Il n'est pas rare que des adultes aillent au restaurant le soir avec leurs jeunes enfants ou leur bébé qui dort dans une poussette à côté de leur table. Très jeune, Rafa se joignait donc à sa grande famille dans des bars à tapas et restaurants. Il se remémore qu'il jouait au football avec ses oncles dès qu'il en avait l'occasion.

Il faut dire que le ballon rond avait une place de choix dans la famille de Nadal. Sebastián et les autres frères de Toni évoluaient au niveau professionnel : l'oncle Rafael jouait dans le modeste championnat majorquin, tandis que l'oncle Miguel Ángel a tutoyé les plus hauts sommets du football. Ce défenseur polyvalent a porté le maillot du FC Barcelone, du Real Majorque et de la sélection espagnole : les tabloïds anglais l'avaient surnommé « le Monstre de Barcelone », pour son impact physique et sa présence aérienne. *The Times* l'a même inclus dans sa liste des « joueurs les plus coriaces » de tous les temps. Incontournable dans les années 1990, Miguel Ángel Nadal a remporté de nombreux trophées avec le Barça, dont une Coupe d'Europe et cinq titres de champion d'Espagne. Avec l'équipe d'Espagne, il a totalisé 62 sélections et disputé trois Coupes du Monde.

Enfant, Rafa allait régulièrement voir son oncle jouer avec le Real Majorque à Palma et il l'a accompagné une fois au Camp Nou pour taper le ballon avec les joueurs du Barça après un entraînement, alors qu'il n'avait que 10 ans. Avec tout cela, la famille Nadal était habituée de longue date à compter dans ses rangs une superstar du sport : cela explique peut-être aussi pourquoi cette dynastie a semblé aussi impassible face au succès de Rafa. « Mon oncle m'a donné un aperçu de ce que j'allais vivre, écrira plus tard Rafa. Il a gagné de l'argent, il est devenu célèbre, il apparaissait dans les médias et, où qu'il aille, il se retrouvait entouré de fans qui le félicitaient. Mais il ne s'est jamais trop pris au sérieux. »

Le père de Rafa a vécu une carrière moins prestigieuse que celle de Miguel Ángel, mais pas moins couronnée de succès. C'est désormais l'un des hommes d'affaires les plus

À DROITE :
Maribel, la sœur de Rafa, à Palma de Majorque en 2011.

connus de Majorque (voir le chapitre 6). Lorsque Rafa était enfant, il faisait déjà tourner une entreprise florissante de verrerie qui fournissait fenêtres, portes et dessus de table à la prospère industrie de construction qui se développait grâce à la popularité de l'île de Majorque comme destination de vacances.

La mère de Rafa aussi avait de l'expérience dans le commerce : elle était propriétaire de sa boutique de parfums à Manacor. Plus tard, elle a laissé tomber son affaire pour se concentrer sur l'éducation de Rafa et de sa sœur, Maribel.

Sa cadette de cinq ans, Maribel, a toujours été incroyablement proche de lui, ce qui n'est pas commun lorsque les enfants ont une telle différence d'âge. Ils passaient beaucoup de temps ensemble : Rafa invitait souvent sa sœur à des soirées avec ses amis. Aujourd'hui encore, il déclare qu'elle lui manque lorsqu'il voyage à l'étranger pour le Tour ATP.

Comme tous les autres membres de la famille, Maribel n'a jamais laissé la célébrité de son frère peser dans leur relation. Même lorsqu'elle a déménagé à Barcelone pour étudier le management sportif, elle a décidé de rester discrète sur sa famille – sauf avec un cercle d'amis proches. C'est uniquement lorsqu'un des étudiants l'a aperçue à la télévision lors d'un match de Rafa à Roland-Garros que le campus a découvert qui était son frère.

Le sport a tenu une place importante dans la jeunesse de Rafa, que ce soit le football ou le tennis. Lorsqu'il ne frappait pas des balles jaunes au Club Tenis Manacor, il jonglait avec des ballons blancs au club de Manacor. Fan de football, il rêvait de devenir professionnel. À l'âge de 11 ans, c'est au poste d'ailier droit qu'il a aidé son équipe à remporter le championnat des îles Baléares : il a déclaré que l'euphorie provoquée par ce titre était aussi forte que celle qu'il a ressentie des années plus tard en décrochant son premier tournoi du Grand Chelem.

Dans ce laps de temps, ses talents de tennisman ont connu une croissance exponentielle, sous la houlette de Toni. À ce stade, Rafa frappait des balles pendant une heure et demie par jour, cinq jours par semaine. Toni le faisait travailler dur et l'encourageait à analyser sans cesse son jeu.

Lorsqu'il avait 8 ans, Rafa a gagné la catégorie des moins de 12 ans du championnat des îles Baléares : un bel exploit, car il affrontait des enfants ayant jusqu'à trois ans de plus que lui et venant des quatre îles de l'archipel (Majorque, Minorque, Ibiza et Formentera).

Toni le poussait sans arrêt à se dépasser sur le court, mais c'est Rafa lui-même qui s'infligeait le plus de pression. « Rafa était un gamin plein d'enthousiasme qui adorait le sport, a déclaré Toni. J'ai toujours dit que j'aime les personnes passionnées. Je n'aime pas voir quelqu'un qui n'a pas la passion de ce qu'il fait. C'est ce qui anime Rafa depuis qu'il est tout petit. Notre intention, c'était de l'aider à réaliser son potentiel. »

Toutefois, Toni ne laissait rien passer à son neveu. Il travaillait sans relâche pour qu'il reste humble, alors que son tennis le propulsait dans des sphères plus élevées. Il lui a appris l'importance de toujours respecter ses adversaires et la nécessité d'afficher une attitude calme et sérieuse en match. Toni admet qu'il minimisait les succès de Rafa dans ces tournois juniors, voire qu'il les dénigrait. Après une victoire, au lieu de féliciter son neveu, il pointait du doigt ce qu'il devait améliorer dans son jeu. Tout signe de triomphe était rapidement balayé.

Dans la famille de Rafa, les autres adultes étaient sceptiques quant aux méthodes dures de Toni. Mais, finalement, ils l'ont autorisé à continuer à appliquer de la pression.

Une anecdote résume parfaitement la manière dont Toni minorait à dessein les victoires en tournoi de Rafa. Lorsqu'il avait 11 ans, le jeune prodige a remporté le championnat d'Espagne junior dans la catégorie des moins de 12 ans. Il était naturellement aux anges, comme toute sa famille… à l'exception de Toni. Alors que tout le monde se préparait à fêter ce titre, l'oncle renfrogné a appelé la Fédération espagnole de tennis en se faisant passer pour un journaliste sportif pour obtenir la liste des 25 derniers vainqueurs du tournoi que Rafa venait de remporter. Il a ensuite lu cette liste à Rafa en lui demandant s'il avait déjà entendu ces noms. Parmi eux, seulement cinq avaient percé dans le tennis professionnel. Selon Toni, cela signifiait qu'il avait donc une chance sur cinq d'atteindre le circuit pro.

CI-DESSOUS : Sebastián, le père, et Ana María, la mère, regardent, accompagnés de Mery, la femme de Rafa, leur « fils » jouer à Rome en 2014.

«J'étais très exigeant avec Rafa car je l'aime beaucoup, expliquera Toni dans une interview à la BBC. Je crois au travail et je crois aux joueurs qui sont suffisamment forts pour gérer l'intensité de ce travail. Les autres styles de vie, je ne les comprends pas. C'est pour ça que j'ai agi comme ça avec Rafa. Je savais qu'il pouvait gérer.»

Ce même comportement s'est répété quelques années plus tard, quand Rafa a remporté en Afrique du Sud un tournoi de tennis junior sponsorisé par Nike. À son retour à Majorque, sa marraine avait organisé une fête dans l'appartement de ses grands-parents, qu'elle avait décoré avec une

LES JOUEURS LES PLUS GRANDS

LES MEILLEURS AU SERVICE

Comment Rafa se classe par rapport aux joueurs actuels et passés.

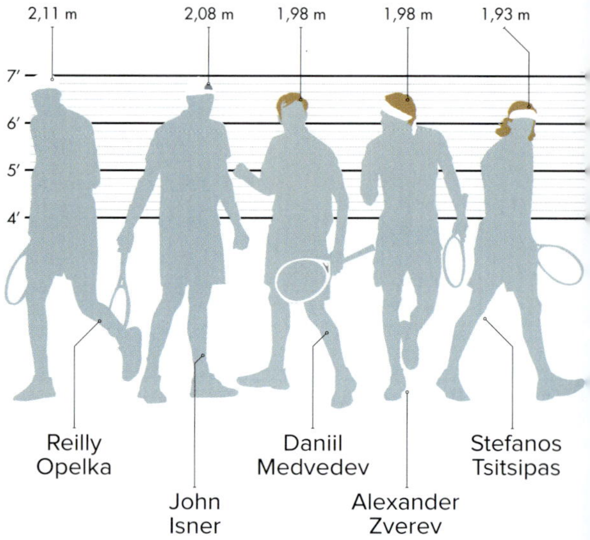

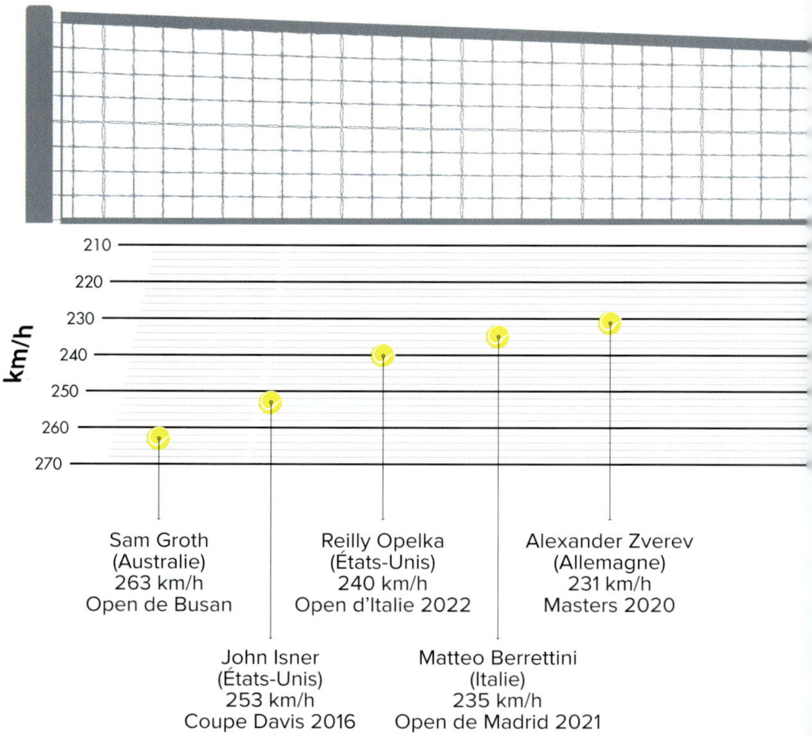

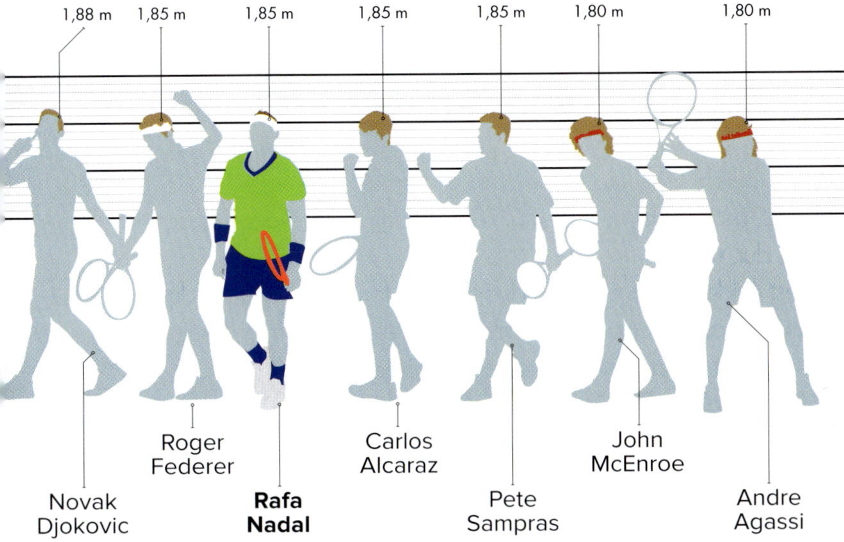

1,88 m
1,85 m
1,85 m
1,85 m
1,85 m
1,80 m
1,80 m
Novak Djokovic
Roger Federer
Rafa Nadal
Carlos Alcaraz
Pete Sampras
John McEnroe
Andre Agassi

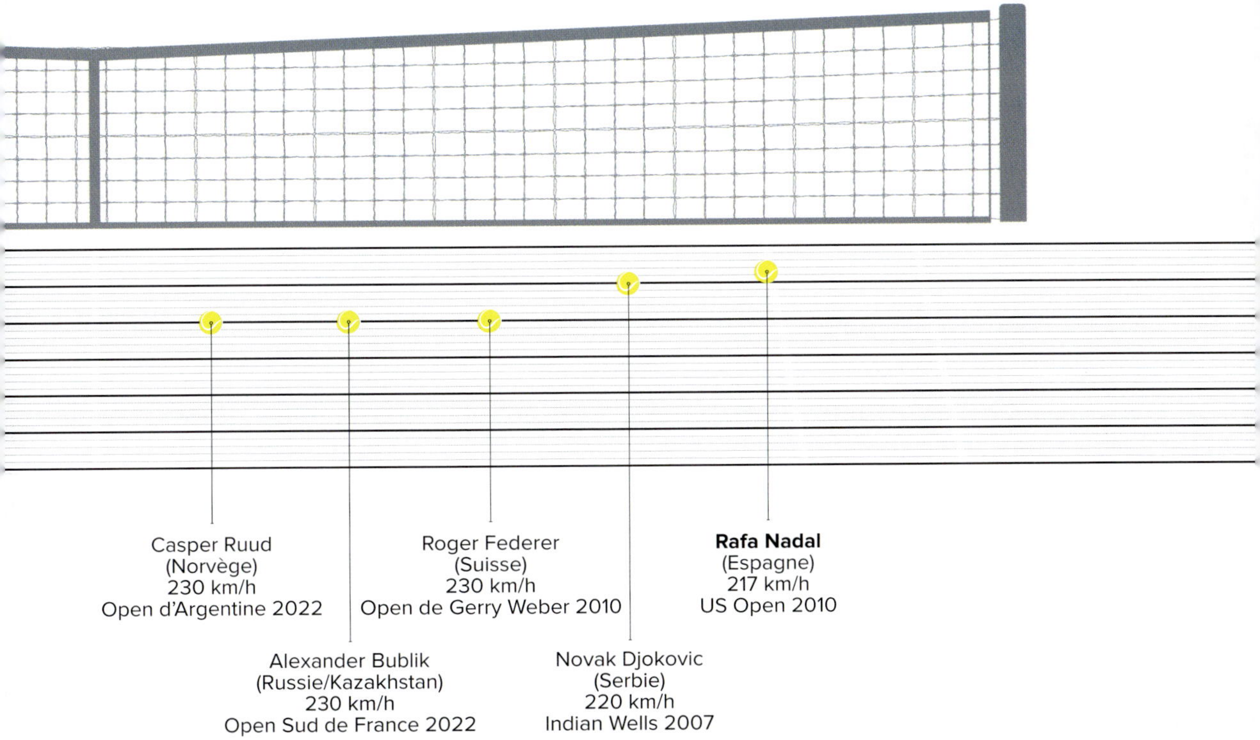

Casper Ruud (Norvège) 230 km/h Open d'Argentine 2022
Alexander Bublik (Russie/Kazakhstan) 230 km/h Open Sud de France 2022
Roger Federer (Suisse) 230 km/h Open de Gerry Weber 2010
Novak Djokovic (Serbie) 220 km/h Indian Wells 2007
Rafa Nadal (Espagne) 217 km/h US Open 2010

immense banderole de félicitations avec une pointe d'humour. Mais Rafa n'a pas pu assister à la fête : Toni l'a intercepté à la porte, a retiré la banderole et a réprimandé la marraine. Pour le punir de sa vanité, il a convoqué Rafa à un entraînement tôt le lendemain matin.

«Je voulais qu'il comprenne que tout ce qu'il avait accompli à cet âge n'était pas très important, dans l'ensemble, expliquera Toni plus tard. Je voulais refroidir les ardeurs. Qu'il comprenne que c'était juste une petite étape et que, s'il voulait continuer de progresser, il faudrait continuer de travailler très dur.»

Si dure fût-elle, cette tactique s'est évidemment révélée payante. Plus tard, Rafa s'est rendu à Madrid pour participer au championnat d'Espagne dans la catégorie des moins de 14 ans. Dans son match du premier tour, il est tombé et s'est fracturé l'auriculaire de la main gauche – sa main forte. Malgré l'intensité de la douleur, Rafa a refusé d'abandonner. Sans oser en parler à Toni, sachant qu'il ne ferait preuve d'aucune compassion. Il a donc serré les dents, match après match, jusqu'à atteindre la finale où il a battu un ami proche, Toméu Salva. Quand est enfin arrivée la cérémonie des récompenses, il souffrait tellement du doigt qu'il a dû demander à un autre joueur de l'aider à soulever le trophée pour les photos.

À cette période de sa vie, Rafa jouait encore au tennis et au football. En y ajoutant le temps consacré aux études, il est rapidement apparu qu'il lui faudrait sacrifier l'un des deux sports. C'est le football qu'il a décidé d'arrêter, alors qu'il adorait ce sport et qu'il était plutôt doué. À compter de ce jour, sa pratique du football s'est limitée à quelques matchs entre amis ou en tant que spectateur – si possible dans les tribunes de son club de cœur, le Real Madrid.

Rafa travaillait parfois avec un autre entraîneur de tennis basé à Palma : Jofre Porta. Des années plus tard, Porta restait tout aussi impressionné par la détermination du jeune joueur. Il raconte l'anecdote d'un match au niveau junior, où il y a rarement des juges de ligne : ce sont les joueurs qui doivent dire si leurs propres balles sont bonnes ou fautes. Et alors que Rafa avait placé un coup à l'intérieur du terrain sur un point important, son adversaire a déclaré que la balle était sortie. «Il m'a dit : "C'est incroyable ! Il m'a volé mon match !" se souvient Porta. Je lui ai répondu avec sarcasme : "Je croyais que tu étais un grand garçon qui savait résoudre n'importe quel problème." Il m'a regardé, l'air furieux, puis il est revenu au score et a fini par s'imposer. C'est la mentalité d'un champion. Et j'ai des milliers d'exemples comme ça, accumulés au fil des années.»

Pendant cette période, la famille Nadal possédait deux résidences. À Manacor, il s'agissait d'un immeuble de cinq étages à proximité de l'église impressionnante de Nostra Senyora dels Dolors (Notre-Dame-des-Douleurs), dont l'immense flèche est ornée d'une horloge. Toute la famille élargie y passait le plus clair de son temps : mère, père, oncles, tantes, cousins, cousines et grands-parents ; chacun vivait à un étage différent, mais ensemble. À une douzaine de kilomètres de là, la famille possédait un autre immeuble de résidences dans la jolie ville balnéaire de Porto Cristo, où les membres de la famille étaient également répartis sur les différents étages.

Rafa adorait cette organisation. En fait, la famille aimait tellement ce mode de fonctionnement que lorsqu'il a reçu une offre de bourse pour le Centre de haut rendement de Sant Cugat, à Barcelone, ses parents et Toni ont refusé, craignant qu'il ne manque de discipline dans une ville comme Barcelone, sans leur supervision.

« Cela démontre que si vous avez cette force en vous, si vous avez la volonté de travailler, alors vous pouvez travailler n'importe où, expliquait plus tard Toni, à propos de la décision de la famille de le voir rester à Majorque. Je ne crois pas que vous soyez obligé d'aller aux États-Unis ou ailleurs pour devenir un bon athlète. Vous pouvez le faire depuis chez vous. Dans ma famille, nous avons deux athlètes qui ont réussi. Miguel a vécu et s'est entraîné toute sa vie à Manacor, et Rafa suit la même voie pour continuer à son niveau. L'avantage de rester dans sa famille est très important pour Rafa. C'était un grand plus, en termes aussi bien de tranquillité que d'organisation. »

Pourtant, l'année suivante, la cellule familiale a décidé d'envoyer Rafa étudier en pension à Palma, dans le Centre de Tecnificació Esportiva Illes Balears (CTEIB). Il rentrait uniquement les week-ends.

Les infrastructures y étaient fantastiques : des courts de tennis, une piscine olympique, une piste d'athlétisme, des terrains de rugby, de basketball et de volley-ball, des physiothérapeutes et des médecins du sport – le tout, dans un établissement public. Pourtant, Rafa a déclaré qu'il ne s'y sentait pas bien : il avait le mal du pays et sa famille lui manquait terriblement, comme sa vie tranquille à Manacor. Il se plaignait d'un emploi du temps trop rempli et ne brillait pas particulièrement en cours, même s'il réussissait ses examens.

Porta, qui enseignait dans cette école, en garde un souvenir différent : « Rafa était un étudiant normal. Son niveau académique était acceptable et il a continué jusqu'à ce que l'accumulation des voyages ne lui permette plus d'étudier. Sa matière de prédilection a toujours été l'éducation physique. »

Rafa a fini par demander à ses parents de le retirer de l'école. Pendant un temps, devant l'insistance de sa mère qui voulait le voir aller à l'université, il a suivi des cours à distance. Mais cela n'a pas duré longtemps, car Rafa a perdu tous ses manuels scolaires, en les oubliant dans un avion à destination des îles Canaries. « Ça a marqué la fin de mes études scolaires », concluait-il.

Désormais, sa vie tout entière tournerait autour d'une chose, et d'une seule : le tennis.

Il m'a battu lors d'un match amical. Il avait 14 ans, mais je me suis rassuré en me disant que j'avais perdu contre un futur vainqueur de Roland-Garros.

Pat Cash, vainqueur de Wimbledon 1987

LE MATCH

MASTERS DE MONTE-CARLO 16 avril 2003

Monte-Carlo Country Club, Roquebrune-Cap-Martin (France)
2e tour : Rafa Nadal vs Albert Costa
Victoire de Rafa Nadal contre Albert Costa 7-5, 6-3

C'est en 2001 que Rafa a fait ses premiers pas sur le Tour ATP, même s'il a commencé par les tournois plus modestes, ITF Futures et ATP Challenger. Le premier match à lui avoir rapporté des points au classement ATP s'est déroulé à l'ITF Futures de Madrid en septembre de cette année-là, un tournoi qu'il a perdu contre son compatriote Guillermo Platel.

En 2002, il a fait ses débuts sur le circuit principal de l'ATP lors d'un tournoi sur terre battue à Majorque qui n'existe plus. (Il a été remplacé par le championnat de Majorque disputé sur gazon en juin – ce qui est très différent.) Au premier tour, il a battu le Paraguayen Ramón Delgado pour s'offrir sa première victoire sur la grande scène de l'ATP. Durant le reste de la saison, il a écumé les tournois Futures et Challenger, remportant des titres mineurs à Alicante, Vigo, Barcelone et Grande Canarie.

Il y a accumulé une expérience inestimable pour préparer son premier match senior, en avril 2003. Du haut de ses 16 ans et de sa 109e place au classement mondial, il a plongé dans le grand bain en découvrant le Masters de Monte-Carlo, dans le cadre du circuit ATP situé juste en dessous des Grands Chelems. Il a parfaitement réussi ses débuts. Au premier tour, il a dominé le joueur slovaque Karol Kučera 6-1, 6-2. Au deuxième tour, il affrontait le tenant du titre à Roland-Garros, l'un des meilleurs joueurs de la planète sur terre battue à l'époque, l'Espagnol Albert Costa.

Rafa était dans une forme éblouissante cette année, avec quatre finales en tournois ATP Challenger (le niveau en dessous du circuit principal de l'ATP), dont une remportée. Il s'agissait seulement de son quatrième match sur le circuit principal de l'ATP. Le monde du tennis dans son ensemble était excité par la perspective de voir émerger une future star sur la terre ocre. Mais personne ou presque ne s'attendait à ce qu'il batte Costa. Après tout, l'expérimenté joueur de 27 ans (qui avait l'air bien plus âgé)

À DROITE : en 2003, à l'âge de 16 ans, Rafa réalisait l'importance de sa première victoire sur la terre battue de Monte-Carlo.

avait remporté les Internationaux de France l'année précédente et comptait 11 autres titres ATP sur terre battue.

Barrett expliquait que l'une des raisons de son succès était la présence de l'expérimenté joueur espagnol Carlos Moyà, lui aussi Majorquin, qui l'a conseillé. « C'est un mentor pour le jeune homme. C'est formidable pour un joueur aussi jeune d'avoir quelqu'un d'aussi expérimenté que Moyà à ses côtés. »

Goodall ne pouvait qu'acquiescer : « C'est inestimable de recevoir les conseils d'un joueur qui a vécu la même chose et connu autant de succès, un ancien n° 2 mondial et vainqueur de Grand Chelem, ajoutait-il. Espérons que ça permettra à ce jeune homme d'accélérer sa progression jusqu'aux sommets. »

Portant un short noir, un maillot blanc et le bandeau blanc qui deviendrait sa marque de fabrique, Rafa a mis du temps pour trouver son rythme dans cette rencontre. Mais il a progressivement pris le dessus, grâce à ses amortis du gauche et à une prestation défensive courageuse qui faisait durer les échanges en frustrant son adversaire plus âgé. À mesure que le premier set avançait, Costa commençait à faire preuve de nervosité et à multiplier les erreurs. C'est d'ailleurs une erreur sur coup droit qui offrait la première manche à Rafa.

Menant 3-1 dans le deuxième set, le jeune Majorquin faisait monter la pression. À 40-40, il repoussait Costa loin derrière la ligne à chaque échange, avant de terminer le point au filet sur un smash magnifique et imparable. Rafa remportait ensuite le point suivant pour porter son avance à 4-1.Puis, après deux heures de jeu exactement, Rafa menait 5-3 avec trois balles de match. Une seule lui suffirait. Costa manquait son retour de service et s'inclinait 7-5, 6-3.

« J'ai fait un très bon match, commentait Rafa par la suite. Au début, c'était un peu moyen. Je pense que j'avais trop de respect pour [Costa] ou que j'avais un peu le trac. Mais au fil des échanges, j'ai commencé à jouer de mieux en mieux. Je pense qu'il avait un peu peur d'affronter un jeune. Mais pour tout vous dire, je n'étais pas très confiant dans mes chances de gagner. »

Le commentateur John Barrett s'est montré bien plus expansif : « C'est une victoire sensationnelle pour un jeune homme qui s'annonce sur la scène mondiale, avec panache, et en battant ce qui est certainement le meilleur joueur du moment sur terre battue. »

À DROITE :
Rafa et Carlos Moyà – son ami, mentor et compatriote majorquin – lors de l'événement d'un sponsor à Barcelone.

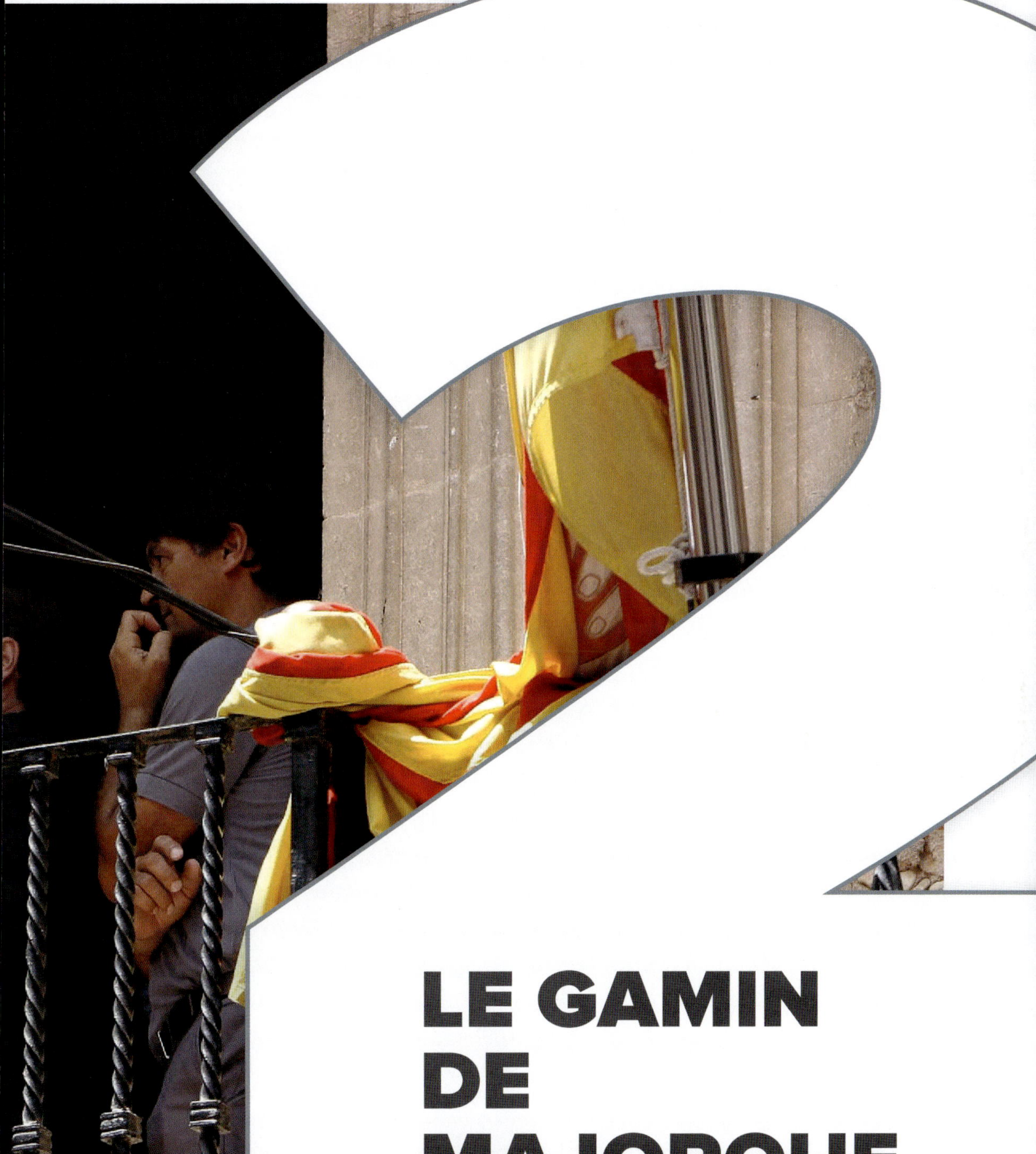

2

LE GAMIN DE MAJORQUE

RAFA NADAL
ACADEMY
BY movistar

À GAUCHE : Rafa a invité Roger Federer pour inaugurer son académie de tennis à Manacor en octobre 2016.

Selon la légende familiale, les Nadal vivent à Majorque depuis le XIVe siècle, lorsque l'île portait le nom de *Regnum Maioricae*, le « Royaume de Majorque ». Pour comprendre Rafa et sa place dans la société majorquine, il importe de connaître l'histoire de cette île des Baléares.

Étant donné son emplacement stratégique dans la Méditerranée, l'île a régulièrement été envahie au fil des siècles. D'abord par la civilisation talayotique (venant probablement d'Asie Mineure), puis par les Phéniciens, les Grecs, les Carthaginois, les Romains, les Vandales, les Byzantins et différentes puissances nord-africaines, qui l'ont tour à tour pillée et asservie.

Au Moyen Âge, Majorque a commencé à prospérer et a même été indépendante par épisodes, avant d'intégrer l'Espagne unifiée au début du XVIIIe siècle.

Après la guerre civile espagnole (1936-1939), qui a quelque peu épargné les insulaires, son économie a connu un véritable boom. Le tourisme de masse y a fait une apparition fracassante. L'aéroport international de Palma de Majorque a ouvert à la fin des années 1950 et a rapidement accueilli un million de passagers par an. Avant l'arrivée de la pandémie en 2020, ce chiffre avait grimpé à quasiment 30 millions de passagers par an : le tourisme représentait alors 80 % du PIB de l'île.

Pourtant, le gouvernement de Majorque a décidé de changer radicalement le profil du tourisme : jugeant que les voyages organisés low cost n'offraient pas d'avenir à l'île, il a privilégié l'accueil de touristes moins nombreux, mais aux poches plus pleines.

Cela a mené à des restrictions sur les projets immobiliers de masse sur la côte et à la promotion d'un tourisme rural plus durable.
Désormais, les Majorquins proposent des vacances sportives ou à thème, des hébergements à destination de l'agrotourisme (les « agroturismos ») pour des visiteurs huppés et lassés des plages bondées. Le succès de l'académie de tennis de Rafa, qui attire des joueurs de toute l'Europe, n'y est pas étranger.

Rafa reste lui-même pragmatique lorsqu'on l'interroge sur l'impact du tourisme sur son île adorée : « Je pense que c'est bon pour l'économie et bien pour les habitants. Je trouve que Majorque est le meilleur endroit sur Terre : j'imagine que c'est pour cela qu'ils y viennent. »

On assiste par ailleurs à une résurgence de la fierté régionale dans les Baléares. Loin du tumulte des mouvements indépendantistes catalans, les Majorquins n'en commencent pas moins à célébrer leur culture et à se dissocier de l'écrasante influence de l'Espagne castillane.

C'est au niveau de la langue que cette différence est la plus évidente. Si tous les Majorquins parlent couramment le castillan, il ne s'agit pas de celle qu'ils utilisent au quotidien. Rafa et ses compatriotes insulaires parlent un dialecte catalan appelé « majorquin », une langue presque aussi différente du castillan que le français l'est de l'italien. *Buenos dias* se dit *Bon dia* ; *adios* se dit *adéu* ; *muchas gracias* se dit *moltes gracis*. Pour réellement comprendre le fonctionnement du cerveau de Rafa, il faut savoir que, dans la vie de tous les jours, il parle, pense et rêve en majorquin, que ce soit avec sa famille ou ses amis.

Mais pour une personnalité aussi célèbre que Rafa, l'équilibre entre fierté régionale majorquine et patriotisme espagnol est scruté de près. Prudent, il ne minimise jamais son statut d'Espagnol. Il ne manquera jamais une occasion de déclarer son amour de Majorque, mais précisera aussi qu'il est un sujet de la couronne espagnole.

L'Espagne est en effet une fédération fragile de régions farouchement fières de leur culture et de leur langue ou dialecte. La majorité des sponsors de Rafa sont d'Espagne castillane et non de Majorque, et ils ont leur siège sur le continent. En accentuant trop son identité majorquine, il risquerait de se les aliéner. Pour lui, ce serait un vrai enjeu financier.

Aujourd'hui, le joueur est l'ambassadeur officieux de l'île. En décembre 2014, il a été nommé officiellement « Fils préféré de Majorque » lors d'une cérémonie spéciale. Des onze insulaires à avoir reçu ce titre, c'est le seul à être encore en vie.

Vu sa célébrité et son attrait international, Rafa peut sans risque être qualifié de Majorquin le plus illustre de l'Histoire. Après tout, par qui serait-il concurrencé ?

Il y a bien eu le poète Miquel Costa i Llobera, les chanteurs Concha Buika, Joan Miquel Oliver et Maria del Mar Bonet, le producteur de musique DJ Sammy, le peintre Miquel Barceló, le réalisateur Agustí Villaronga, ainsi que bien d'autres sportifs, comme

À DROITE :
Rafa salue ses fans à la mairie de Manacor au retour de son sacre de Wimbledon en 2008.

CI-DESSOUS :
Nadal au service au cours d'un match d'exhibition contre Rainer Schuttler en juillet 2005.

les footballeurs Miguel Ángel Nadal (l'oncle de Rafa), Marco Asensio et Xisco Muñoz, les pilotes de moto Joan Mir et Jorge Lorenzo, et le tennisman Carlos Moyà (l'entraîneur actuel de Rafa). Mais ils sont peu nombreux à s'être fait un nom en dehors de l'Espagne, du tennis ou de la MotoGP, et aucun n'a acquis une célébrité mondiale comparable à celle de Rafa.

Si la famille Nadal possède toujours l'immeuble d'habitation à Manacor, Rafa passe la majorité de son temps avec sa femme María Francisca (qu'il appelle « Mery ») dans leur villa balnéaire (estimée à 4,3 millions de dollars) de Porto Cristo, le village de pêche situé à l'est de Manacor. Sa famille y possède plusieurs villas (trois au dernier recensement, mais sans doute plus quand vous lirez ces lignes). C'est à Porto Cristo que Rafa se sent chez lui, encore plus qu'à Manacor : on le voit souvent jouer au football sur la plage avec ses amis. Il y jouit d'une intimité respectueuse : seuls les rares touristes lui demandent un selfie. Et lorsqu'il veut se couper du monde, il peut embarquer sur son yacht de 24 mètres, mouillé à Porto Cristo.

C'est en 2020 que Rafa s'est fait livrer ce catamaran Sunreef 80 Power personnalisé, qu'il a baptisé *Great White*. Ce yacht dispose d'un grand salon, d'une terrasse, de cinq cabines dont une suite parentale et d'une passerelle supérieure équipée d'un coin-bar et d'un barbecue, sans parler du garage pouvant accueillir des jet-skis. La plupart du temps, Rafa et Mery naviguent dans l'archipel des Baléares. « Pour moi, ce bateau est comme ma maison, expliquait Rafa. Je peux sortir et simplement profiter, tout en me déconnectant un peu du monde. »

Rafa possède également une demeure en République dominicaine, dans les Caraïbes. Il s'agirait d'un cadeau du complexe immobilier situé dans la ville touristique de La Romana, en remerciement d'en avoir assuré la promotion.

S'il admet avoir une peur panique des voitures rapides (voir le chapitre 5), les bolides font partie de sa vie. Vous pouvez le croiser à l'occasion conduire (très prudemment) sur les routes de l'est de Majorque. L'un de ses contrats publicitaires les plus lucratifs lui garantit d'avoir une Kia neuve à disposition. Le dernier modèle qu'il a reçu ? La voiture électrique Kia EV6. Son garage abrite ou a vu passer une Aston Martin DBS, une Ferrari 458 Italia, un cabriolet Mercedes SL 55 AMG et une Mercedes AMG GT S.

Les temps de relaxation, loin des courts, sont importants pour l'équilibre psychologique de Rafa. « Lorsqu'il ne joue pas au tennis, il fait seulement trois choses, explique Lorenzo Cazzaniga, sans doute le journaliste chevronné spécialisé dans le tennis qui le connaît le mieux. Il pêche, il profite de la plage avec ses amis, ou il joue au golf. Il adore le golf, et c'est un très bon joueur. Il paraît que, de nos jours, il est plus énervé quand il perd au golf qu'au tennis ! »

CI-DESSUS : nommé « Fils préféré de Majorque » en 2014, Rafa dévoile une peinture à son honneur.

À DROITE : Rafa partage en 2010 une cérémonie des récompenses avec Jorge Lorenzo, le champion de MotoGP né à Majorque.

Cazzaniga déclare que le style de vie qui va avec la célébrité n'intéresse pas du tout Rafa, contrairement à d'autres tennismen. Il sort parfois dans les bars de Manacor ou de Porto Cristo avec ses amis (« Je ne bois quasiment pas, mais j'aime bien aller danser, parfois jusqu'à 6 heures du matin », confiait-il dans son autobiographie), mais il apparaît rarement dans les soirées VIP.

« Il ne veut aucun changement dans sa vie, décrypte Cazzaniga. C'est quelqu'un qui adore sa routine. Il veut rester avec sa femme, sa famille et ses amis d'enfance. Et lorsqu'il raccrochera sa raquette, il mènera une vie… peut-être pas ennuyeuse, mais très simple. Sauf qu'il aura des millions de dollars sur son compte. Il n'est pas du tout du genre à partir vivre à Miami, à New York ou à Dubaï. » Même lorsque Rafa et Mery prennent des vacances, ils quittent rarement les Baléares.

L'importance des amis d'enfance de Rafa ne doit pas être sous-estimée. Si de nombreuses célébrités perdent naturellement le contact avec les amis de leur jeunesse, lui est toujours resté proche d'eux.

C'est sans doute autant par loyauté et humilité que lié au fait qu'il rentre toujours à Majorque entre deux tournois.

« Nous sommes des gens normaux, attachés aux traditions et aux valeurs familiales, explique-t-il. Je vais au supermarché, je vais au cinéma... Quand je rentre à la maison, je reprends ma vie d'avant. Pour moi, la vraie vie, ma vie normale, ce n'est pas la vie que je mène dans les tournois. J'ai gardé mes amis d'enfance, je joue au football avec mes cousins... Je trouve que c'est crucial de pouvoir revenir à la maison après avoir passé des mois à voyager aux quatre coins du monde, et de pouvoir reprendre ma vie d'avant. C'est fondamental. »

Parmi ses *compadres* les plus proches figurent Toméu Artigues, Toméu Salva, Miguel Angel Munar et Joan Suasi. Et si Rafa est désormais marié à Mery, avec toutes les responsabilités qu'amène le mariage, il n'est pas rare de le croiser avec ses amis à la plage à jouer au beach soccer, sur son yacht pour une virée de pêche, ou dans les bars et night-clubs de Porto Cristo et de Manacor.

L'un de ses établissements préférés est le Sa Punta, un restaurant sur la côte détenu par la famille Nadal et situé à Cala Bona, à quelques kilomètres au nord de Porto Cristo. Le chef Andrés Moreno y propose des spécialités espagnoles comme le jambon ibérique, l'omelette espagnole et le gaspacho, ainsi que des plats à base de poisson et de fruits de mer, comme du thon rouge, du bar, du poulpe et du homard. « Avec la vue sur la mer, le service, la nourriture – je commande toujours un poisson du jour, grillé –, c'est l'endroit parfait », glisse-t-il en bon ambassadeur des lieux.

Mais c'est le golf qui l'enthousiasme le plus. Ce qu'il aime par-dessus tout, c'est passer son temps libre sur les magnifiques parcours de golf de Majorque. Son endroit préféré est le Pula Golf, à quelques kilomètres au nord-est de Manacor. C'est sur ce parcours qu'il s'est joint en 2013 au golfeur professionnel José María Olazábal pour créer un tournoi annuel caritatif baptisé l'Olazábal & Nadal Invitational.

Le temps libre est toutefois une denrée rare pour Rafa durant la saison. Comme la plupart des joueurs professionnels, il mène une vie à cent à l'heure, faite de voyages, entre aéroports, hôtels et courts de tennis, entrecoupés de courts moments de repos et de détente. Il aime dîner avec les membres du staff qui l'accompagnent sur le circuit. « On essaie toujours de sortir au restaurant le soir, déclarait-il récemment dans une interview pour *GQ*. Pour couper et se distraire un peu de toute cette routine. »

La musique est l'un des autres passe-temps de Rafa, ses précieux AirPods d'Apple enfoncés dans les oreilles. « Lorsque je suis dans l'avion, ou avant les matchs, j'écoute de la musique, confie-t-il. J'aime presque tous les genres. J'écoute de l'opéra, du classique, de la pop, du rock… Ça dépend du moment et de l'ambiance. J'écoute de tout, sauf de l'électro. »

Mais dès qu'un tournoi est terminé, il n'a qu'une envie : reprendre l'avion pour rentrer chez lui. « J'aime être majorquin, dit-il. La première chose que je fais quand je joue à l'étranger, que j'aie gagné ou perdu le tournoi, c'est de trouver le moyen le plus rapide de rentrer à Majorque. »

ÂGE LORS DU PREMIER TITRE EN GRAND CHELEM

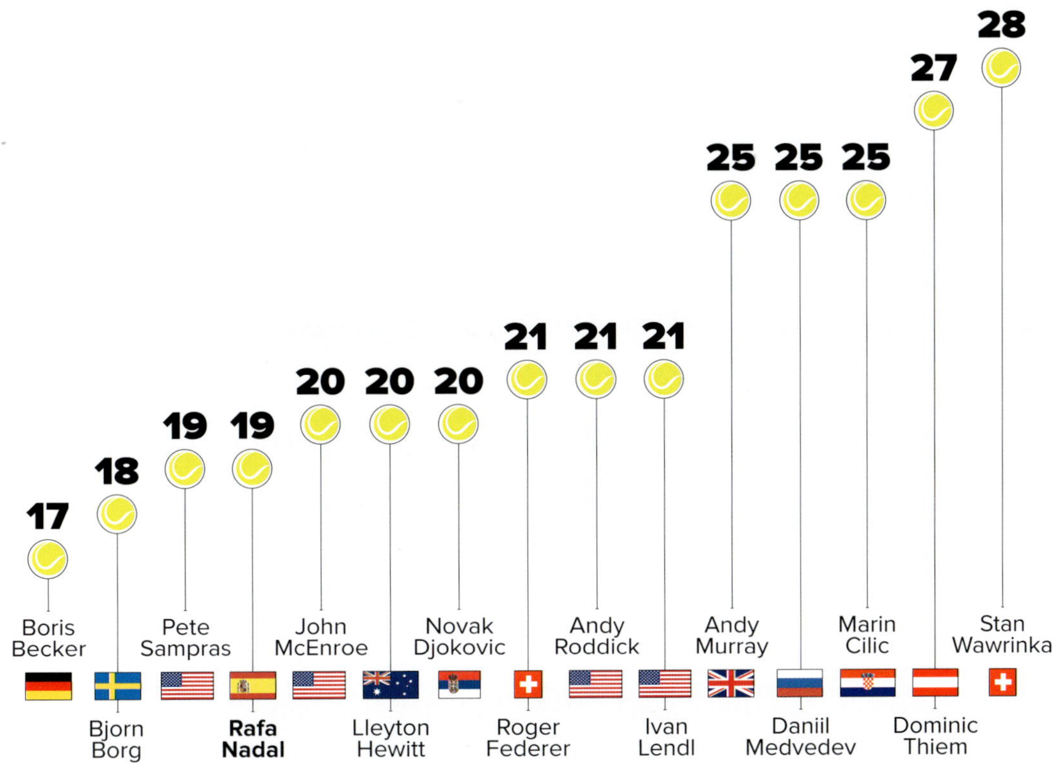

EN HAUT À GAUCHE : Rafa et ses amis majorquins, en 2011.

EN BAS À GAUCHE : avec sa future femme, Mery, en 2010.

PAGE CI-CONTRE, EN HAUT À DROITE : Rafa participant à un tournoi de golf en 2020.

PAGE CI-CONTRE, EN HAUT À GAUCHE : Rafa et son ami d'enfance Toméu Salva.

PAGE CI-CONTRE, EN BAS : aux fourneaux avec le golfeur José Maria Olazábal.

Open

S'il ne pouvait pas rentrer sur son île dès qu'il le voulait après un tournoi, je pense qu'il deviendrait fou.

Ana María Parera,
la mère de Rafa

LE MATCH

OPEN IDEA PROKOM

15 août 2004
Sopocki Klub Tenisowy, à Sopot (Pologne)
Finale : Rafa Nadal vs José Acasuso
Victoire de Rafa Nadal contre José Acasuso 6-3, 6-4

L'année de ses 18 ans, 2004, a été compliquée pour Rafa. À la mi-avril, il avait déjà fait plusieurs fois le tour du globe : Inde, Nouvelle-Zélande, Australie (où il a été battu par Lleyton Hewitt au troisième tour de l'Open d'Australie), République tchèque, Italie, Dubaï, Californie, Floride, Portugal... La répétition des voyages et des tournois a fini par avoir un impact physique : quand a commencé la saison de la terre battue, il souffrait d'une très douloureuse fracture de fatigue à la cheville gauche. Frustré, il s'est vu obligé de déclarer forfait pour les principaux tournois de sa surface de prédilection, y compris Roland-Garros. Enfin guéri au cœur de l'été, il a foncé retrouver l'ocre dans l'espoir de décrocher son premier titre ATP.

Il s'est donc rendu en Pologne en août pour disputer l'Open Idea Prokom, organisé au Sopocki Klub Tenisowy, dont les courts de terre battue dominent les plages de la mer Baltique, au nord de Gdansk.

À la suite de son repos forcé, la tête de série n° 6 était en forme : Nadal n'a perdu aucun set cette semaine-là. C'était un choix judicieux pour son retour de blessure, car la plupart de l'élite était partie briller sur dur en Amérique du Nord : la concurrence était donc moins relevée dans le tournoi polonais organisé au terme de la saison sur terre battue. Avec sa 71e place mondiale, Rafa était le joueur le mieux classé parmi les prétendants.

En finale, il s'est retrouvé face au joueur argentin José Acasuso, lui aussi spécialiste de cette surface. Le premier set a été largement oubliable, à part peut-être un point disputé à 2-2, 15-15 avec Rafa au service. Il a occasionné 19 échanges, pendant lesquels Rafa a fait courir sans relâche son adversaire de gauche à droite et de la ligne de fond au filet. Acasuso cavalait mais parvenait à renvoyer la balle, sans réussir à mettre l'Espagnol en danger. Plus tard, quand il servait pour le set à 5-3, Rafa s'est facilement adjugé la manche grâce à des erreurs directes de son adversaire.

La plupart des spectateurs voyaient le Majorquin pour la première fois en finale ATP. Il avait bien atteint (et perdu) celle d'Auckland en janvier, mais c'était en Nouvelle-Zélande – de l'autre côté de la Terre.

CI-DESSUS : le joueur argentin José Acasuso.

Dans le premier jeu du second set, avec Acasuso au service, Rafa semblait contrôler la rencontre, jusqu'à obtenir trois balles de break à 0-40. L'Argentin a bien réagi pour revenir à 40-40, avant de céder. Le jeu s'est poursuivi jusqu'à 4-2, puis Rafa a réalisé de nouveau le break pour mener 5-2. Désormais, il servait pour le match.

S'il continuait à pilonner l'ensemble du court, ses services commençaient à être plus hésitants – sans doute à cause de la pression de la victoire. De son côté, Acasuso réalisait qu'il devait désormais prendre plus de risques pour espérer revenir dans le match : il a alors

IFILM
Heineke

commencé à frapper des balles de fond de court aux trajectoires plus plates, plus rapides et plus proches des lignes, qu'il enchaînait avec des montées au filet pour frustrer Nadal. À 40-40, Acasuso le repoussait de plus en plus loin à chaque échange, jusqu'à lui prendre son service. Le Majorquin allait-il laisser passer sa chance ?

Au jeu suivant, Rafa a réalisé une défense héroïque, en se battant sur chaque point. À 30-30, il a joué large sur le coup droit d'Acasuso, qui commettait une faute directe en mettant la balle dans le filet, offrant ainsi une balle de match à Rafa. L'Espagnol l'a fêtée en sautant, le poing en l'air. Aujourd'hui, il ne célébrerait jamais une erreur directe d'un adversaire avec autant de jubilation ; mais cela démontrait son immense envie de remporter son premier titre ATP.

Ce n'était pourtant pas fait. Le premier service d'Acasuso était « let ». Sous pression, l'Argentin contestait que la balle ait touché le filet : il s'est approché de la chaise de l'arbitre et a mis une main sur son genou, ce qui a arraché un sourire à l'officiel, sans le faire changer d'avis.

Mais cette distraction a perturbé la concentration de son adversaire. Son deuxième service était puissant et Rafa ne parvenait pas à le renvoyer. Après plusieurs points chèrement acquis et une nouvelle contestation sur une décision, Acasuso est parvenu à prendre son service pour revenir à 5-4 pour Rafa.

Le Majorquin n'était pas d'humeur à prolonger le match : il a rapidement bouclé le dernier jeu pour s'imposer 6-3, 6-4 et décrocher un premier titre ATP qu'il a fêté en sautant partout, les bras en l'air.

« J'étais très calme sur le court aujourd'hui, déclarait-il ensuite. Au début de l'année, mon objectif était d'intégrer le Top 20 mondial, mais comme j'ai été blessé pendant trois mois, je vise maintenant de terminer entre la 25e et la 40e place à la fin de l'année. »

Cette victoire à Sopot lui a permis d'intégrer le Top 50, un classement qu'il maintiendrait pour le reste de la saison en atteignant le deuxième tour de l'US Open et des Masters ATP de Madrid.

PAGE CI-CONTRE : Rafa en Nouvelle-Zélande en 2004.

GAUCHER

Babolat

L'élite du tennis affiche une proportion inhabituelle de gauchers : on y compte notamment John McEnroe, Martina Navrátilová, Jimmy Connors, Rod Laver, Goran Ivanišević, Monica Seles, Thomas Muster, Jaroslav Drobný, Guillermo Vilas, Marcelo Ríos – et bien entendu Rafa Nadal.

En double aussi, certaines des plus grandes paires de tous les temps associent un gaucher et un droitier : les frères Bryan, les « Woodies » (Mark Woodforde et Todd Woodbridge), Rod Laver et Roy Emerson, Tony Roche et John Newcombe, John McEnroe et Peter Fleming, Martina Navrátilová et Pam Shriver…

Pourquoi autant de champions manient-ils leur raquette de la main gauche ? Certains aspects du tennis leur donnent-ils un avantage ? En fait, oui. Et la raison en est simple : les gauchers sont plus rares. S'ils ont l'habitude d'affronter des droitiers (qui forment la majorité des joueurs), les droitiers sont moins habitués à jouer contre des gauchers (puisqu'ils sont plus rares). Cette rareté profite à Rafa (et à tous ses confrères gauchers) depuis le début de sa carrière.

Professeur de psychopédagogie à la University College London, Chris McManus a écrit un livre intitulé *Right Hand, Left Hand* (*Main droite, main gauche*, non traduit). « Les gauchers connaissent bien mieux les faiblesses de leur adversaire que les droitiers, ce qui leur offre un avantage compétitif », explique-t-il.

Norbert Hagemann, un scientifique spécialisé dans le sport à l'université de Munster en Allemagne, a mené en 2009 un test intrigant sur les joueurs de

À GAUCHE
Rafa joue au tennis de la main gauche et au football du pied gauche ; mais il écrit, se brosse les dents, attrape les balles et joue au golf de la main droite.

tennis afin de mesurer la manière dont ils anticipaient les frappes d'un adversaire. Il a composé un échantillon de 54 droitiers et de 54 gauchers de niveaux différents, allant de novices complets à experts.
Il leur a ensuite fait regarder des vidéos de joueurs droitiers et gauchers de niveau expert, avant de leur demander de prédire la direction dans laquelle partirait leur frappe. Ces volontaires ont eu plus de mal à prédire la trajectoire des balles des gauchers que celle des droitiers. À l'inverse, les participants gauchers et droitiers ont obtenu de meilleurs résultats dans leur prédiction des frappes des droitiers.

Hagemann a souligné une théorie que les chercheurs baptisent « hypothèse de l'avantage stratégique ». « Comme les joueurs s'habituent à certains modèles de frappe ou au style de jeu d'adversaires qui sont droitiers, les attaques qui viennent du côté opposé les prennent par surprise, écrit-il. En plus de cet effet de surprise, les réponses motrices à ces attaques peuvent également être sous-entraînées. Puisque ce type d'attaques de gauchers est moins fréquent, les réactions défensives sont moins automatiques, et donc potentiellement moins efficaces. »

Il en va de même pour les autres sports où les athlètes frappent d'un côté de leur corps, en faisant face à leur adversaire : c'est le cas pour tous les sports de raquette, ainsi que le cricket, la boxe, l'escrime, le baseball, le softball ou le volleyball. Comme les gauchers sont plus rares, ce sont des adversaires plus redoutables.

Mais au tennis, un autre facteur favorise les gauchers : la géométrie du court. Durant un match, la plupart des points cruciaux (balles de jeu ou de break) se disputent lorsque le joueur qui sert est du côté avantage (le côté gauche quand on regarde le filet). Si le serveur est gaucher et son adversaire droitier, il peut servir vers l'extérieur, du côté revers du droitier ce qui est le côté faible de la plupart des joueurs. Cela signifie que, dans les points importants, les gauchers peuvent utiliser leur meilleure arme face au côté faible de leur adversaire. (Il suffit de regarder comment Rafa a constamment pilonné le revers de Federer de cette manière, et avec l'efficacité que l'on connaît.)

À l'inverse, les serveurs droitiers qui affrontent un gaucher n'ont pas le même avantage sur les points importants, car un service à l'extérieur arrive sur le coup droit de leur adversaire – où les joueurs ont généralement le plus d'allonge. (Donc lorsque c'est au tour de Federer de servir, il ne peut pas rendre la monnaie de sa pièce à Rafa.)

Greg Rusedski, ancien n° 4 mondial, l'a parfaitement résumé lors d'une interview pour la BBC. « Le service d'un gaucher a un effet naturel différent lorsque vous le touchez, ce qui le rend très dangereux lorsqu'il vient du côté gauche du court, expliquait l'ex-joueur britannique. Avec cet effet lifté et rebondissant, la balle file vers l'extérieur, vers le revers d'un droitier. Si mon adversaire est suffisamment bon pour renvoyer mon service, j'ai le court totalement ouvert pour faire le point. »

Il est possible d'ajouter un « facteur X » qui bénéficie aux joueurs de tennis gauchers : la manière dont leur cerveau est programmé, différemment de la plupart des gens. L'ancienne joueuse américaine Mary Carillo, elle-même gauchère, l'analysait dans un entretien accordé au magazine *Sports Illustrated*. « En gros, on est un peu dingues, clamait-elle. Regardez les gauchers au tennis, vous trouverez de sacrés cinglés : Connors, McEnroe, Goran Ivanišević, Guillermo Vilas… »

Elle inclut Rafa dans ce groupe de joueurs un peu fous. « Ce gamin a une vision différente de la manière de construire des points

RADO
1:22

GAUCHERS MAIS ADROITS

Les résultats en Grand Chelem des gauchers dans l'ère Open.

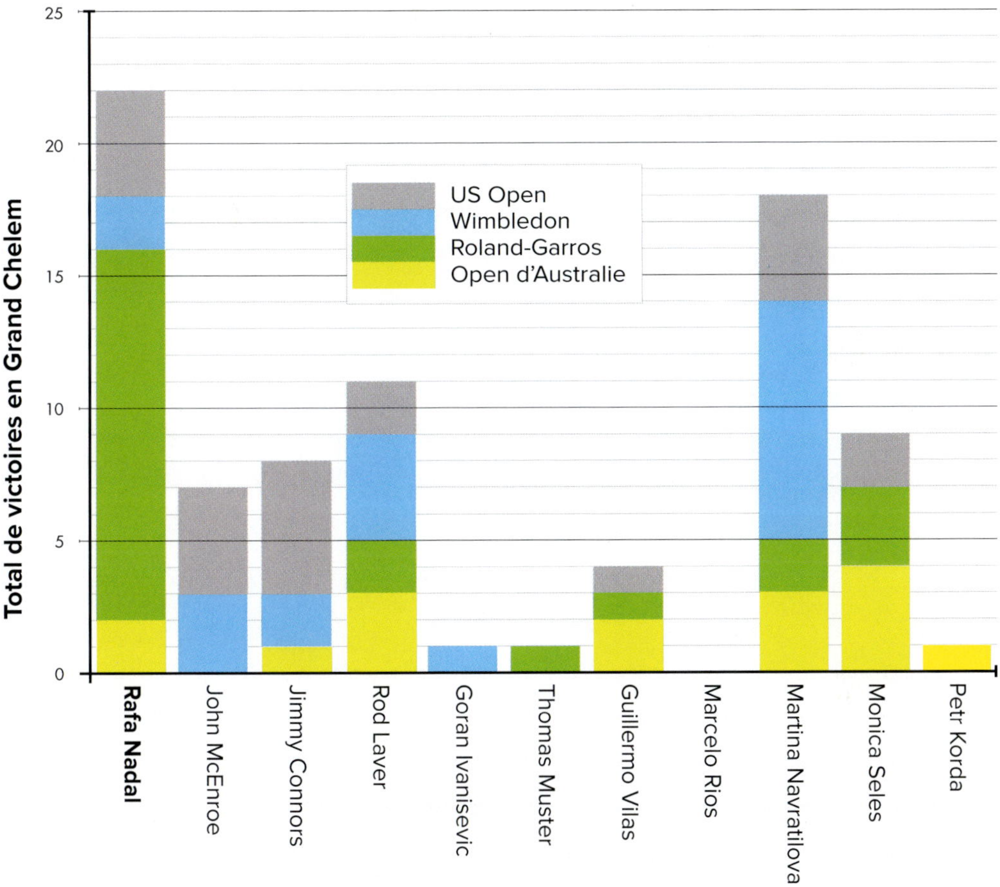

À GAUCHE :
au service
à Roland-Garros
en 2006.

QUELQUES REMARQUES

- Thomas Muster a remporté Roland-Garros sur terre battue, mais n'a jamais franchi le premier tour à Wimbledon.
- Le tennisman chilien Marcelo Ríos a été nº 1 mondial en 1988, mais n'a jamais remporté un tournoi du Grand Chelem.
- Martina Navrátilová et Monica Seles sont deux des gauchères les plus titrées de l'histoire moderne, avec respectivement 18 et 9 sacres en Grand Chelem.

et de développer un échange, ajoutait-elle. Il sort des sentiers battus. » Il se trouve que la gaucherie de Rafa est un peu plus complexe que celle d'autres personnes. Lorsqu'il a commencé à jouer, à 4 ans, il voyait à peine au-dessus du filet : il tenait sa raquette à deux mains pour avoir plus de puissance. Un jour, l'oncle Toni lui a expliqué que peu de joueurs professionnels utilisaient les deux mains en coup droit comme en revers, et qu'il devait passer à un coup droit à une seule main. Rafa a obéi et trouvé que c'était avec sa main gauche qu'il se sentait le plus à l'aise.

«Je lui ai simplement conseillé d'utiliser sa main la plus forte, explique Toni. C'est tout.»

Lors d'une interview accordée à Nike, Toni a approfondi : «C'est un peu étrange, car la seule chose qu'il fait avec sa main gauche, c'est jouer au tennis. Si vous lui lancez une balle, il l'attrape de sa main droite. Il est droitier. Quand il lance une balle, c'est toujours de la main droite. Quand il était petit, il jouait avec les deux mains car il manquait de puissance. Je pensais qu'il valait mieux jouer à une seule main, car quasiment aucun pro du circuit n'utilise ses deux mains. Finalement, nous avons décidé qu'il jouerait avec la gauche. Le premier tournoi qu'il a disputé en jouant avec sa main gauche a été difficile. Mais bon, c'est une étape qu'il devait franchir.»

Il est donc ambidextre, ce qui provoque une autre complication : la relation entre sa main dominante et son œil dominant. Cet aspect est très bien expliqué par le journaliste argentin Sebastián Fest dans son livre *Roger Federer & Rafael Nadal : The Lives and Careers of Two Tennis Legends* (*Roger Federer et Rafael Nadal : vie et carrière de deux légendes du tennis*, non traduit). Fest examine la polyvalence de Rafa avec un expert du domaine, Paul Dorochenko, qui explique que, chez certains joueurs, l'œil dominant et la main dominante sont soit du même côté du corps (une répartition dite «homogène»), soit de côtés différents (une répartition «croisée»). Dorochenko révèle que Rafa a une répartition croisée, car sa main dominante est la main gauche, tandis que son œil dominant est l'œil droit.

«Les personnes à répartition croisée ont tendance à être moins disciplinées, moins régulières et plus frimeuses, mais également plus créatives, plus intuitives et meilleures dans les prises de décisions, explique Dorochenko, qui déclare que 70 % des joueurs du Top 100 mondial sont croisés. Les joueurs homogènes travaillent dur, sont ordonnés et cérébraux, mais ils réagissent moins bien à la pression, ce qui affecte leurs prises de décision.»

Si Rafa ne manque pas de discipline ni de régularité, son style de jeu agressif pourrait bien trouver ses racines dans une certaine forme de frime. Par ailleurs, il est clairement créatif, intuitif et doué dans la prise de décision. Il ne fait aucun doute que l'abandon du jeu à deux mains pour sa main gauche était fortuit. Mais on ne peut que saluer cette décision lorsque l'on voit les droitiers peiner à renvoyer ses services joués côté avantage. Vu l'effet qu'il y met, sa balle fuse vers l'extérieur et pousse son adversaire au-delà du couloir. Et même s'il parvient à la renvoyer, il se retrouve très mal placé pour le coup suivant.

Tout cela nous amène naturellement à la question suivante : Rafa serait-il aussi fort s'il utilisait sa main droite ? Toni s'en est autrefois amusé lors d'une interview pour le magazine *Tennis*. « Nous ne le savons pas, et on ne le saura jamais. »

À DROITE :
Rafa joue au tennis de la main gauche, mais écrit de la main droite.

LE MATCH

FINALE DE COUPE DAVIS

3 décembre 2004
Estadio Olimpico, à Séville (Espagne)
Match 2 : Rafa Nadal vs Andy Roddick
Victoire de Rafa Nadal contre Andy Roddick 6-7, 6-2, 7-6, 6-2

La carrière de chaque joueur de tennis recèle toujours un match charnière, qui marque sa transition entre le statut de junior et celui d'adulte. Pour Rafa, il s'agit de sa victoire sur Andy Roddick, lors du deuxième match de la finale de la Coupe Davis 2004 entre l'Espagne et les États-Unis.

La Coupe Davis est l'apogée du tennis masculin international, l'équivalent de la Coupe du Monde au football. Mais à l'inverse du Mondial, la Coupe Davis se joue chaque année.

Dans son format actuel, la phase finale de la Coupe Davis voit s'affronter 18 équipes sur trois sites (généralement fin novembre ou début décembre) avec une phase de groupes suivie de quarts de finale, demi-finales et finale. Auparavant, le format était différent : 16 équipes s'affrontaient en matchs à élimination directe (au meilleur des cinq matchs) pendant l'ensemble de la saison, et les deux meilleures équipes se rencontraient en finale, habituellement en décembre. Organisée sur un week-end, la finale se disputait en cinq matchs : quatre simples et un double.

En 2004, ce sont les États-Unis et l'Espagne qui ont dominé le tennis mondial, et le choix du lieu de la finale est revenu à la sélection ibérique. Conscient qu'il s'agirait de l'un des plus grands événements sportifs de l'année et que la terre battue lui donnerait un avantage, l'Espagne a opté pour l'Estadio Olimpico de Séville, baptisé « La Cartuja » par les habitants de la ville méridionale. Ce stade de 60 000 places accueille normalement des matchs de football, dont ceux de l'équipe d'Espagne ; une piste d'athlétisme borde en temps normal la pelouse. Le court de tennis aurait semblé perdu au milieu du terrain de foot : les organisateurs ont donc décidé de placer un court en terre battue à une extrémité, couvert par un toit temporaire. Même coupé en deux, le stade proposait 27 200 places, dont les dernières se sont arrachées quelques jours avant la finale, obtenues par des fans qui avaient campé sur place.

Mais personne ne s'attendait à encourager le bébé de l'équipe, Rafa, alors âgé de 18 ans. Au départ, il devait jouer en double avec Tommy Robredo, dans un match déséquilibré face aux frères Bryan, qui dominaient le monde du double à cette époque. Mais étrangement, à la dernière minute, le capitaine de l'équipe Jordi Arrese a choisi d'aligner Rafa dans le deuxième match en simple, contre l'arme principale des États-Unis : Andy Roddick, n° 2 mondial et ancien vainqueur de l'US Open.

Le plus surpris n'était autre que Rafa : il se considérait comme « le bambin de l'équipe », sélectionné davantage pour soutenir ses coéquipiers que pour briller sur les courts. Il se souvient de son excitation extrême à l'idée de représenter l'Espagne. Il s'agissait d'une finale de Coupe Davis après tout, l'événement le plus important du monde du tennis.

Mais il y avait un problème. Après la victoire de Carlos Moyà dans le premier simple, le capitaine aurait logiquement dû choisir l'un de ses coéquipiers plus expérimentés (Juan Carlos Ferrero ou Tommy Robredo) pour le deuxième simple. Rafa était de loin le joueur le moins bien classé de l'équipe, et il avait manqué deux mois de la saison à cause de sa fracture de fatigue au pied gauche. Pour lui, affronter Roddick, c'était rejouer David contre Goliath. Il se sentait donc coupable, mal à l'aise et désolé d'avoir été préféré à ses compatriotes plus âgés et plus sages.

Pourtant, animé par son désir de jouer et de ne pas décevoir ses coéquipiers, il a abordé cette rencontre avec un enthousiasme implacable et irrésistible.

C'était un vendredi frais et pluvieux de décembre, dans une ville où la terre battue est habituellement associée au printemps ou à la chaleur de l'été. Les tribunes étaient garnies de spectateurs en pull ou en manteau, qui voyaient la buée formée par la respiration des joueurs lorsqu'ils reprenaient leur souffle entre deux points sur une terre battue particulièrement lente.

Les joueurs se sont pourtant rapidement réchauffés, grâce à l'intensité des longs échanges. Le premier set allait au tie-break et Rafa menait rapidement 5-2. C'est là que l'anxiété le rattrapait, permettant à Roddick de revenir au score et d'enlever la première manche.

Dès lors, le public joua pleinement son rôle : la ferveur sublimait Raf, qui remportait le deuxième set 6-2. L'Américain tentait désespérément de casser le rythme de son adversaire en montant régulièrement au filet, avec un manque de prudence qui allait causer sa chute. Sur une terre battue humide d'hiver, Rafa avait souvent tout le temps d'ajuster ses passing-shots, même face à Roddick, qui excelle au filet.

La clé du match fut la troisième manche, où les deux joueurs ont eu des balles de set. Roddick en a sauvé deux lorsqu'il servait à 5-6, tandis que Rafa en a concédé une dans le tie-break, avant de réaliser un magnifique amorti que son adversaire renvoyait dans le filet. Les deux points suivants sont allés en faveur de l'Espagnol, qui s'adjugeait le troisième set.

L'ambiance était incroyable, même selon les standards élevés de la Coupe Davis. Avec 27 000 spectateurs chauffés à blanc qui explosaient de joie à chaque point inscrit par Rafa, Séville enregistrait le record d'affluence pour un match officiel de tennis. Rafa expliquera

À GAUCHE :
Rafa en plein match contre Andy Roddick à Séville, en finale de la Coupe Davis 2004.

EN BAS À GAUCHE ET À DROITE :
sa victoire sur Andy Roddick, n° 2 mondial, a surpris tout le monde.

EN BAS :
Rafa et Carlos Moyà fêtent la victoire de l'Espagne.

plus tard qu'il faisait tout son possible pour absorber l'énergie d'un public acquis à sa cause. Il serrait les poings quasiment à chaque point, souvent en direction de son adversaire. Sur les points cruciaux, il agitait les poings, sautait en l'air, faisait des ciseaux avec ses jambes et hurlait de joie. Il admettra que ces célébrations débridées étaient un peu stupides de sa part et qu'elles lui avaient même valu un début de crampe aux jambes. Mais il savourait manifestement chacun des instants de son rite de passage.

Au quatrième set, Roddick commençait à plier sous les assauts de son adversaire et la pression du public. À 5-2, Rafa servait enfin pour le match. Il jouait simplement sur le revers de Roddick, sans vitesse ni effet inconsidérés. La balle de match consistait en quatre échanges et s'achevait sur un retour trop long de Roddick.

Dans l'instant, Rafa s'écroule en arrière, bras et jambes en étoile, perdant dans le mouvement son bandana sur la terre battue. La foule autour de lui éructe de joie. « Le bruit était tel que j'ai eu l'impression qu'un avion passait en rase-mottes juste au-dessus de moi, se rappellera Nadal. Je dois 50 % de ma victoire au public. »

Rafa s'était battu pendant trois heures et quarante-cinq minutes, disputant le match le plus long de sa courte carrière. « Il y aura des matchs clés à chaque période de ma vie, prédisait-il. Et celui-ci a sans doute été le match de ma vie. » L'Espagne a ensuite remporté le titre en s'imposant 3-2.

Christopher Clarey était l'un des journalistes présents ce jour-là ; la plume du *New York Times* a qualifié la prestation de Rafa de « transcendante ». « Rarement dans la longue histoire du tennis on a pu assister à autant de frappes spectaculaires dans des angles aussi extrêmes, écrivait-il. Si Roddick a joué ponctuellement avec talent et courage – en montant au filet plus qu'il n'était prévisible ni prudent sur une surface aussi lente, et réalisant des volées remarquables –, l'énergie de Nadal, ses passing-shots et son jeu en fond de court l'ont finalement épuisé. »

CI-DESSOUS :
Rafa et Carlos Moyà.

> Pour moi, c'est en battant Andy Roddick en Coupe Davis que Rafael Nadal est véritablement devenu un champion : c'est là qu'il a commencé à écrire son histoire et qu'il s'est annoncé au monde entier.

Carlos Moyà

4

TENNIS SUR TERRE BATTUE

ROLEX
MASTERS SERIES MONTE-CARLO
ROLEX
TAMOIL
BNP PARIBAS Casinos de Monte-Carlo
RICOH
MONTE-CARLO

« La terre battue t'apprend à souffrir. » Ce sont les paroles du légendaire entraîneur espagnol José Higueras, qui a dirigé au cours de sa carrière des joueurs aussi illustres que Jim Courier, Roger Federer, Pete Sampras, Sergi Bruguera et Carlos Moyà pour leur apprendre à exceller sur l'ocre. Et il n'exagérait pas. Avec ses longs échanges, ses angles larges et son exigence physique, le tennis sur terre battue a toujours poussé les joueurs dans leurs derniers retranchements.

C'est aussi ce qui rend ce sport aussi spectaculaire. Surtout si vous regardez un match entre deux joueurs en grande forme, qui se livrent une guerre d'usure depuis le fond de court, à grogner, sprinter et déraper au milieu de nuages de brique rouge, à attendre le bon moment pour porter leur attaque. Et à ce petit jeu-là, peu de joueurs peuvent rivaliser avec Rafa Nadal.

Sur le circuit ATP, les tournois sur terre battue commencent en février et mars, durant l'hiver austral marqué par les étapes au Brésil, en Argentine et au Chili. La caravane met ensuite le cap sur l'Europe, où les machines à laver des hôtels des plus belles villes du continent tournent à plein régime pour tenter de nettoyer l'ocre des tenues des joueurs. Il existe actuellement des tournois à Marbella, Cagliari, Monte-Carlo, Barcelone, Belgrade (deux), Munich, Estoril, Madrid, Rome, Genève, Lyon et Parme,

À GAUCHE :
le Monte-Carlo Country Club, où Rafa compte 11 titres, un record.

avec Paris en point d'orgue pour Roland-Garros. Après le tournoi du Grand Chelem sur terre battue, d'autres plus modestes sont également organisés à Hambourg, Båstad, Umag, Gstaad et Kitzbühel (en plus de ceux de Marrakech et de Houston).

Les clubs et villes qui accueillent ces tournois vont et viennent, en fonction de la nationalité des meilleurs joueurs du monde, ce qui explique pourquoi deux tournois ont été disputés à Belgrade en 2021 (l'Open de Serbie et l'Open de Belgrade) afin d'exploiter le filon du tennisman serbe le plus célèbre, Novak Djokovic. Il existe toutefois quatre tournois sur terre battue qui sortent du lot et dans lesquels tous les joueurs rêvent de briller.

Le premier est le Monte-Carlo Masters, à Monaco (qui est techniquement juste de l'autre côté de la frontière française, à Roquebrune-Cap-Martin) : organisé en avril, il est généralement considéré comme le lever de rideau de la saison, même si quelques tournois mineurs

se déroulent la semaine qui le précède. Situé en haut d'une colline et proposant une vue plongeante sur la mer Méditerranée, le Monte-Carlo Country Club fournit un cadre idyllique pour le tennis d'élite. Et si jamais le jeu n'était pas à la hauteur, vous pouvez toujours laisser votre regard vagabonder sur les habitants locaux qui flânent dans leurs vêtements haute couture avant de retourner sur leur yacht amarré au port. La Principauté peut parfois ressembler à un catalogue vivant pour milliardaires, mais Rafa en a fait son jardin, en y remportant un nombre record de 11 titres.

Les suivants sont l'Open de Madrid et le Masters de Rome, où l'ocre des capitales s'anime en mai. Le premier se tient à La Caja Mágica (la boîte magique), dans un parc linéaire baptisé « Manzanares », dans le quartier de San Fermín. Rafa y a triomphé cinq fois – également un record.

Le Masters de Rome se joue sur le site le plus distinctif du continent : le Foro Italico, grand centre sportif à l'architecture fasciste de l'époque mussolinienne. Avec ses amphithéâtres et ses immenses statues classiques, il vous propulse dans la Rome antique et insuffle aux matchs un esprit de gladiateurs. Rafa s'y est imposé 10 fois… Là encore, il s'agit d'un record.

Mais en réalité, Monte-Carlo, Madrid et Rome servent juste de mise en jambes pour le mois de mai, lorsque les meilleurs joueurs du monde convergent à Paris pour y disputer le bouquet final de la saison sur terre battue : Roland-Garros. Le Grand Chelem français est incomparable, par sa taille et le spectacle qu'il offre. Situé en bordure ouest du XVIe arrondissement de la capitale, il s'étale désormais sur 12,5 hectares à la suite de travaux de rénovation, et compte trois terrains principaux : le court Philippe-Chatrier (15 000 places), le court Suzanne-Lenglen (10 000 places) et le court Simonne-Mathieu (5 000 places), en plus de 15 autres courts en extérieur.

Baptisé en l'honneur du célèbre aviateur de la Première Guerre mondiale, dont l'ami a bâti le terrain d'origine, Roland-Garros a connu une profonde modernisation au fil de ces dernières années. Le dernier ajout en date, qui doit être terminé à temps pour le tournoi de tennis des Jeux olympiques de 2024, est un toit rétractable sur le court Suzanne-Lenglen.

Les courts de Roland-Garros témoignent d'un génie d'ingénierie comparable à celui des plus grandes autoroutes. Plusieurs couches de graviers, de mâchefer et de roche calcaire blanche composent le sous-sol, qui est recouvert de quelques millimètres de brique rouge, qui lui donnent sa teinte ocre distinctive.

« De toutes les aires de jeu proposées par ce sport, la terre battue est à la fois la plus exigeante physiquement et la plus subtile techniquement, décrit le site Internet de Roland-Garros. Une combinaison expliquant sans doute pourquoi Roland-Garros était, jusqu'à l'avènement d'un extra-terrien nommé Nadal, le tournoi le plus ardu à dominer dans la durée. »

La domination de Rafa s'est inscrite dans la durée, et c'est peu dire. Il a brandi la coupe des Mousquetaires à 13 reprises, la première en 2005 et la dernière en date en 2020. Un record qui le place bien loin de ses concurrents, passés ou présents – voire futurs. En fait, le plus proche au palmarès historique est Max Decugis, un tennisman français comptant huit sacres, qu'il a acquis avant la Première Guerre mondiale, lorsque seuls les licenciés des clubs français pouvaient participer à ce qui s'appelait alors le « championnat de France ». La troisième place historique est occupée par Björn Borg, la star suédoise aux six titres glanés dans les années 1970 et 1980.

Julien Pichené et Christophe Thoreau ont rédigé une encyclopédie sur Roland-Garros : *Dico culture illustré de Roland-Garros.* Voici leur description de la domination de Rafa à la Porte d'Auteuil : « Il s'agit d'un véritable bosseur, à la fois perfectionniste et insatiable, qui incarne l'archétype du champion total et polyvalent. Il amalgame toutes les qualités les plus remarquables d'anciens vainqueurs de Roland-Garros : la constance de Björn Borg, l'approche scientifique d'Ivan Lendl, la patience de Mats Wilander, le bras gauche de Guillermo Vilas, le lift de Sergi Bruguera et la puissance de Jim Courier. Et en plus, il semble avoir un Thomas Muster dans chaque jambe. »

L'hyperbole semble grandiloquente, mais elle n'est pas exagérée. Pour s'en convaincre, il suffit de consulter les résultats de Rafa à Roland-Garros : il y a disputé 108 matchs au total et en a seulement perdu trois. Un véritable exploit !

Les Internationaux de France ne sont peut-être pas le concours du Grand Chelem le plus célèbre, à l'échelle mondiale – un honneur qui revient sans doute à Wimbledon. Ni le plus excitant : en matière d'adrénaline et de clameur, l'US Open de New York est sans égal. Mais Roland-Garros possède un style et un panache à part. Après tout, il se déroule à Paris, capitale mondiale de l'élégance.

Lorsque l'élite se donne rendez-vous en France, les beaux jours offrent une ambiance spéciale. Si la pandémie a quelque peu gâché la fête, en temps normal, chaque court de tennis de ce grand complexe renferme un bout de la ville de Paris. Dans ce grand rectangle qu'est Roland-Garros, les promenades arborées enlacent les terrains et les jardins qui ornent les lieux. La France fait honneur à sa tradition gastronomique, en y proposant des mets bien plus raffinés que sur n'importe quel autre Grand Chelem – sans parler du vin. En outre, les spectateurs y portent généralement des tenues bien plus élégantes.

Ce qui en fait la surface la plus ardue, c'est la longueur des échanges. Ici, les points ne s'arrachent pas avec brutalité, sur des coups rapides et secs. Sur l'ocre, il est habituel qu'un échange dure 15 coups, voire bien davantage, et que les combattants avancent progressivement en appliquant une tactique qui les mettra en position de s'imposer. «Jouer sur terre battue, c'est comme jouer aux échecs, analyse José Higueras. Vous avez plus de temps pour faire preuve de créativité et plus de choix dans les coups à utiliser.»

La fine poudre ocre qui recouvre les courts offre davantage de prise à la balle lors du rebond : elle la retient plus longtemps que le gazon ou le synthétique, et en absorbe davantage d'énergie. Selon une étude, les balles de tennis conservent uniquement 59 % de leur vitesse après avoir rebondi sur la terre battue, contre 60 % sur l'acrylique et 70 % sur le gazon. Et lorsque la terre battue est humide, comme c'est souvent le cas dans les villes du nord de l'Europe, la balle est encore plus ralentie. Cette prise supplémentaire au sol signifie également que les balles liftées ont encore plus d'énergie après leur rebond : il n'est pas rare de les voir s'envoler

CI-DESSOUS : Rafa face à Roger Federer sur le court Philippe-Chatrier de Roland-Garros en 2019.

> Il a les coups les plus lourds du tennis. La balle saute avec des angles difficiles. Son coup droit est vraiment incroyable.
>
> Andy Murray

au-dessus de la tête des joueurs. Rafa excelle particulièrement dans cet art sur ses coups droits.

Les spécialistes de la terre battue adoptent des techniques et tactiques adaptées spécifiquement à cette surface. L'un des points principaux à prendre en compte est la trajectoire de la balle. Pour utiliser l'effet supplémentaire que la terre battue offre à la balle, les joueurs doivent envoyer de puissants coups liftés. Les balles coupées sont aussi efficaces, surtout en revers, car elles restent proches du sol et empêchent donc l'adversaire d'attaquer sur son retour.

Le jeu de jambes est quasiment élevé au rang d'art, au même titre que le ballet. De nombreux joueurs méditerranéens et sud-américains passent des années à perfectionner leurs glissades sur le court.
En substance, il en existe deux types : avant et après la frappe de balle. Dans le premier, le joueur court vers la balle, réalise sa glissade, s'équilibre puis frappe la balle. Dans le second, le joueur joue une balle arrivant tellement vite qu'il est forcé de la frapper à la volée, puis il réalise sa glissade pour déraper, changer de direction et se replacer aussi vite que possible.

Autre point essentiel : les déplacements tactiques derrière la ligne de fond de court. Sur synthétique ou gazon, les joueurs peuvent souvent rester à proximité

À GAUCHE :
Rafa a perfectionné l'art de la glissade sur terre battue.

RATIO VICTOIRES/DÉFAITES DE NADAL SUR TERRE BATTUE

Rafa Nadal a remporté 72,4 % de ses finales de Grand Chelem, toutes surfaces confondues, avec 21 victoires et 8 défaites. Voici ses statistiques dans les plus grands tournois sur terre battue :

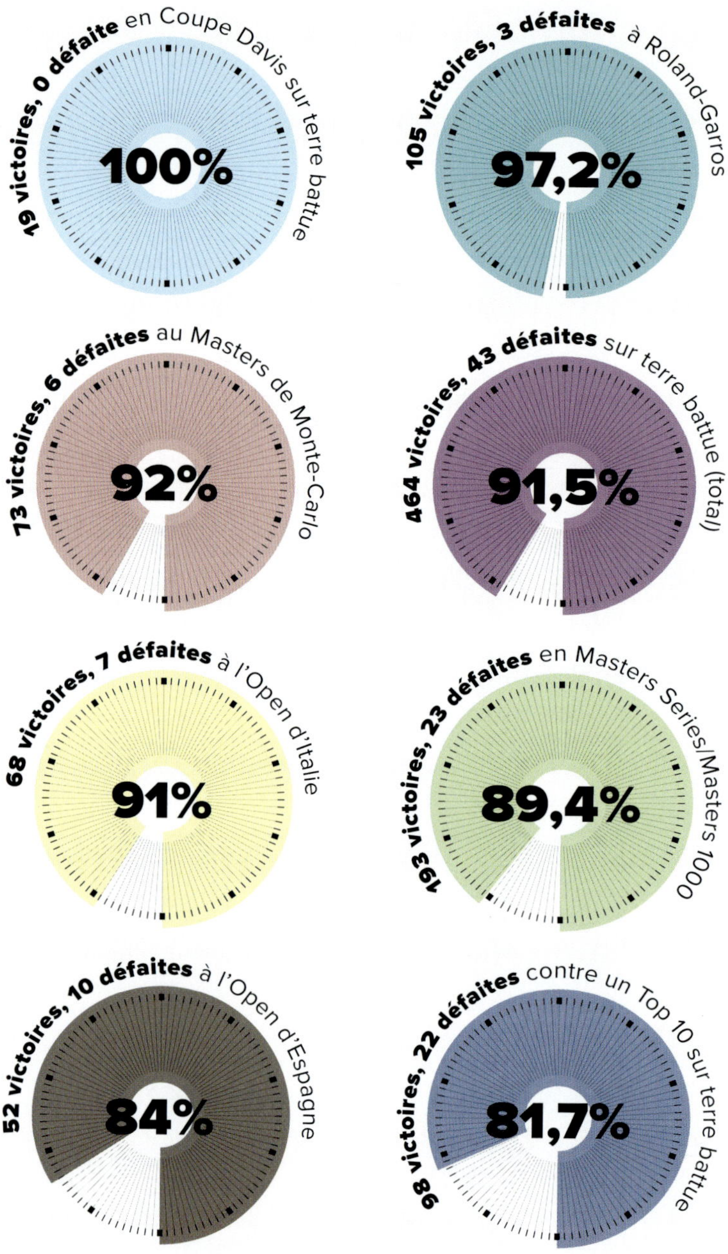

FACE-À-FACE SUR TERRE BATTUE

Les résultats de Rafa Nadal sur terre battue contre les joueurs qui l'ont battu au moins une fois.

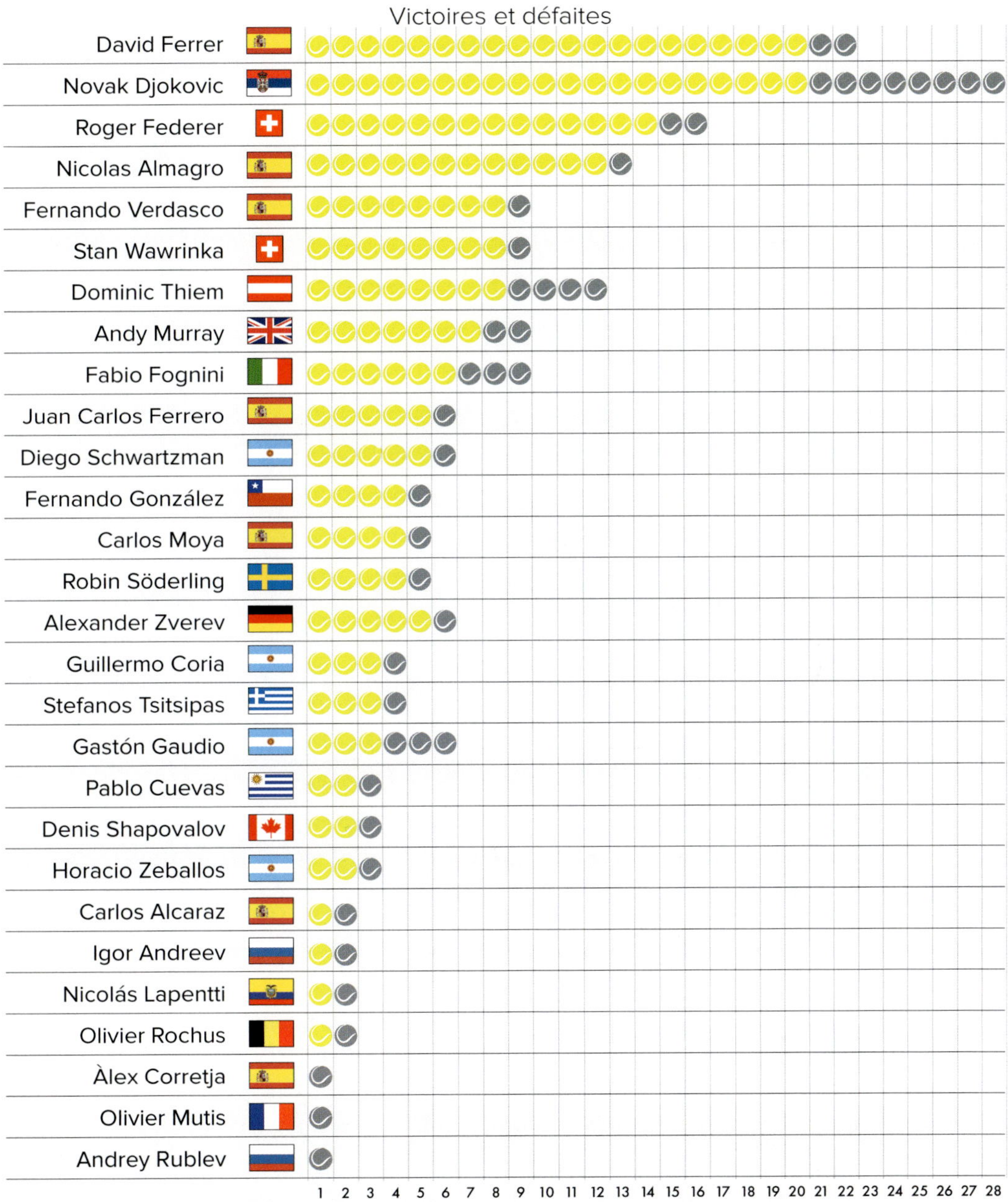

de la ligne du fond, s'ils le désirent. Mais sur terre battue, l'amplification des effets les oblige à courir vers l'intérieur du court pour jouer les balles en demi-volée, ou à reculer pour compenser les balles qui rebondissent particulièrement haut.

Les amortis sont bien plus communs sur terre battue que sur les autres surfaces. Mais pas nécessairement parce que les rebonds sont plus faibles. C'est davantage lié au fait que les joueurs se placent souvent loin derrière leur ligne de fond : ils ont donc plus de distance à parcourir jusqu'au filet pour atteindre un amorti.

Et niveau fatigue physique ? Les matchs sur terre battue durent généralement plus longtemps que sur synthétique ou gazon, parfois plus de trois heures. Les efforts demandés peuvent être d'un niveau brutal au niveau des jambes, comme le prouve le nombre de joueurs et joueuses qui souffrent de crampes sur cette surface.

D'autre part, les spécialistes de la terre battue utilisent un équipement différent. Le plus important concerne le cordage de leurs raquettes.

CI-DESSUS, À GAUCHE ET À DROITE : les chaussures spéciales terre battue offrent des appuis sur la surface, mais sont conçues pour ne pas s'encrasser avec la poussière ocre.

AU VERSO : Rafa en action à Roland-Garros en 2019.

Certains joueurs professionnels utilisent des cordes plus robustes sur terre battue qui permettent de garder la balle plus longtemps dans la raquette et de lui impulser plus de lift. D'autres optent pour un cordage plus puissant, avec une jauge plus élevée (pour mettre plus d'effet sans risquer de jouer long), ou diminuent la tension des cordes (pour plus de puissance sur les coups liftés).

Avec l'abrasion provoquée par la poussière de brique, il n'est pas rare de voir un joueur casser une douzaine de cordes, voire plus, au cours d'un seul match.

Sur la terre battue, les joueurs portent également des chaussures spéciales, dont la semelle possède des lamelles en chevrons. Cela fournit assez d'adhérence, tout en permettant les glissades, et surtout elles ne s'encrassent pas avec trop de terre battue. Mais cette poussière rouge s'immisce de partout, des lamelles aux vêtements, en passant par les cheveux. Une simple glissade et vous en êtes littéralement recouvert !

Des vêtements sales, des chaussures terreuses, des échanges longs et difficiles, des jambes épuisées et prises de crampes… La terre battue est clairement la surface sur laquelle les joueurs souffrent le plus. Et ceux, comme Rafa, qui résistent le mieux à la souffrance sont ceux qui réussissent le plus. Comme Rafa l'a expliqué autrefois : « Durant ma carrière, j'ai appris à savourer la souffrance. »

engie
engie
engie

BNP PARIBAS
BNP
BNP PARIBAS
LACOSTE
LACOSTE

LE MATCH

MASTERS DE MONTE-CARLO

17 avril 2005
Monte-Carlo Country Club, Roquebrune-Cap-Martin (France)
Finale : Rafa Nadal vs Guillermo Coria
Victoire de Rafa Nadal contre Guillermo Coria 6-3, 6-1, 0-6, 7-5

« Rafael représente une nouvelle génération, une nouvelle vague. » On peut dire que le directeur du tournoi du Masters de Monte-Carlo avait vu juste en 2005, à la suite de la qualification du Majorquin de 18 ans pour la finale.

Il faut dire que le parcours réalisé par Rafa était particulièrement impressionnant. Au cours des quatre premiers tours, contre Gaël Monfils, Xavier Malisse, Olivier Rochus et Gastón Gaudio, il n'a perdu aucun set. En quarts de finale, il a détruit Gaudio, n° 6 mondial et vainqueur en titre de Roland-Garros : 6-3, 6-0. Tombeur de Richard Gasquet en demi, sera-t-il de taille face à Guillermo Coria en finale ?

L'expérimenté Argentin, ancien n° 3 mondial et surnommé « El Mago » (le Magicien), avait atteint la finale de Roland-Garros l'année précédente. Mais depuis sa suspension en 2001 pour un test positif à la nandrolone (une infraction causée par un supplément vitaminique contaminé, selon lui), ce spécialiste de la terre battue était régulièrement victime de nervosité aux moments clés des matchs.

Rafa a survolé les deux premiers sets, en faisant progressivement monter la pression. Comme l'a écrit le journaliste Stephen Bierley dans *The Guardian* : « Une fois qu'il tient son adversaire par la gorge, Nadal fait peur à voir. Son jeu est encore loin d'être parfait, mais il possède une vitesse folle et un coup droit dévastateur, ainsi qu'un manque total d'inhibition. »

Nadal n'a pas fait dans la dentelle en ouverture, en s'imposant 6-3, 6-1. Mais ensuite, de manière inexplicable, sa concentration s'est envolée et son adversaire a totalement pris le jeu à son compte : une demi-heure plus tard, Rafa perdait le troisième set sans remporter le moindre jeu. Coria a dû penser que c'était sa chance de renverser la vapeur pour de bon…

BNP PARIBAS
MONTE CARLO CASINOS
LIGUE TENNIS COTE D'AZUR
CINCINNATI
RICOH
LANCASTER

Mais Rafa a tué ses espoirs dans l'œuf : en un rien de temps, il s'est ressaisi et a pris le contrôle du quatrième set. Il était habillé d'un pantalon trois quarts capri, d'un bandeau blanc et d'un maillot orange sans manches : une véritable tenue de camouflage sur l'ocre. Rapidement, il s'est offert une balle de break à 1-0 sur le service de Coria. De nos jours, tout le monde sait que ce type de situation déclenche l'instinct de tueur de Nadal. Mais à l'époque, personne ne savait encore de quoi il était capable : ni le public ni Coria, semble-t-il. L'échange en 10 coups qui suivait allait s'en charger. Au sixième coup, il repoussait Coria dans un coin du court,

d'un long revers croisé, avant d'enchaîner par un coup droit puissant le long de la ligne, puis de conclure le point d'un amorti tout en délicatesse.

Mais le plus beau point du match intervenait pour le gain du jeu suivant, à 40-30. Pendant 15 échanges, les deux joueurs ont envoyé de parfaits coups de fond de court, en attendant une erreur de l'adversaire. Puis au 16e, Coria a tenté un amorti surprise parfaitement exécuté qui aurait échappé à la plupart des joueurs… Mais Rafa l'avait anticipé : au bout de son sprint, il est parvenu à placer un coup droit le long de la ligne. Coria l'interceptait sans problème, adressant un retour dans le coin opposé du terrain – aussi loin que possible de Nadal. L'Espagnol démontrait alors une forme physique épatante : un sprint en arrière, une balle captée de justesse, un retour le long de la ligne… que Coria – épuisé – ne pouvait que renvoyer dans le filet.

La balle de match vaut le détour aussi : un long échange à 16 coups, conclu par un coup droit le long de la ligne qui offrait à Rafa la première victoire de sa carrière en Masters. Aux anges, il s'écroulait sur le court pour célébrer son sacre.

« C'est incroyable ! a-t-il exulté après le match dans un anglais hésitant. J'étais très concentré aujourd'hui. Je suis tout le temps concentré. C'est ma première victoire dans un tournoi très important : tout le monde se souviendra de ce titre. Mais mon objectif, c'est de progresser. Il faut que j'améliore mon service, ma volée, mon slice. Mais si j'arrive à améliorer ces coups, je pense que je gagnerai plein d'autres matchs, non ? »

C'était peu de le dire. Cette année-là, Rafa s'est offert trois autres trophées en Masters Series, ainsi que son premier titre en Grand Chelem, à Roland-Garros. Au terme de la saison, son palmarès comptait déjà 12 victoires en tournois ATP.

À GAUCHE : le parcours de Rafa à Monte-Carlo en 2005 lui a fait affronter le chouchou des fans, Richard Gasquet, en demi-finale.

Fed
HIGHLAND SPRING

5

RITUELS ET PEURS

Perrier
FedEx

« Je ne suis pas superstitieux, sinon je changerais de rituels après chaque défaite. Ce que certains appellent mes tics, ou mes rituels, c'est ma manière de mettre de l'ordre dans ma tête, car en général c'est le bazar, là-dedans ! C'est une façon de me concentrer et de faire le vide. De réduire au silence la petite voix qui me dit que je vais perdre, ou celle encore plus dangereuse qui dit que je vais gagner. »

Voilà ce que Rafa a répondu dans un entretien récent au quotidien italien *Corriere dello Sport*, lorsqu'il a été interrogé (sans doute pour la millième fois) sur ses rituels immuables avant et pendant ses matchs. Ces routines sont nombreuses et, pour le spectateur extérieur, elles sont intrigantes.

Au fil des années, elles ont varié selon l'état d'esprit de Rafa, mais elles suivent un modèle général.

Tout commence au vestiaire. Il admet que quarante-cinq minutes avant le début d'un match, il doit prendre une douche glaciale pour activer sa concentration et préparer son corps pour le combat qui l'attend. Ensuite, il applique le grip sur les six raquettes qu'il apporte normalement sur le court. On dit aussi qu'il refuse de porter des chaussettes montant plus haut que 15 centimètres au-dessus de ses chaussures, et qu'il sort son bandana de son sac une heure avant le match, mais ne le met sur sa tête qu'au moment de pénétrer sur le court : il le serre fermement et lentement, avec précision. Un geste qu'il répète parfois sur le court, avec la même concentration méthodique. Avant de se lancer dans l'arène, il multiplie les sauts agressifs et les courses

À GAUCHE :
Rafa aime que ses bouteilles d'eau soient alignées à la perfection.

sur place en écoutant de la musique. Puis il passe aux toilettes. Il reconnaît faire jusqu'à cinq ou six « pipis nerveux » dans l'heure qui précède le match.

S'ensuivent une quantité de rituels d'avant-match. Dans les tournois majeurs, où les ramasseurs de balles portent le sac des joueurs jusqu'à leur banc, Rafa insiste pour porter lui-même l'une de ses raquettes. Arrivé à son banc, il demande que son sac soit placé avec soin juste à côté de lui. (À une période, une serviette devait être placée en dessous du sac.) Viennent ensuite les bouteilles d'eau : toujours deux, la première remplie d'eau fraîche, l'autre à température ambiante, alignées méticuleusement au sol, devant sa chaise, à gauche, avec les étiquettes dirigées vers le court, en diagonale. Lors des changements de côté, vous le verrez toujours boire une gorgée de chacune des bouteilles.

Une fois l'échauffement terminé, Rafa préfère rester assis sur son banc plus longtemps que son adversaire : c'est toujours le dernier à se lever. Soudain, il s'anime : il sprinte de manière exagérée jusqu'à la ligne de fond avant le début des hostilités. Par ailleurs, entre les points, il évite toujours de marcher sur les lignes du court. À la fin des jeux, il cède sa place à son adversaire pour le laisser passer devant la chaise de l'arbitre avant de regagner son propre banc.

Avant de pouvoir servir, il ajuste ses bandeaux de poignet, ensuite celui de sa tête, puis son maillot ; il passe ses cheveux derrière ses oreilles et fait rebondir la balle un nombre précis de fois. Lorsqu'il rejoint la ligne de fond et reçoit les balles de tennis, tout est codifié : il ajuste rapidement son boxer à travers son short de la main droite, ajuste l'épaule gauche de son maillot, puis la droite, se touche le nez, passe ses cheveux derrière les oreilles et fait rebondir la balle. Les ajustements de short et de maillot ne sont pas provoqués par une mauvaise qualité de sa tenue : après tout, ses sponsors ont dépensé des millions pour développer les meilleures tenues de tennis du monde. Il s'agit simplement d'une routine destinée à se calmer et à se recentrer. Pourtant, il a déclaré ne pas se rendre compte qu'il tentait systématiquement de remettre en place son boxer à travers son short avant chaque service (voire avant son second service), le tout devant des milliers de spectateurs… et des millions de téléspectateurs. « Je fais ça depuis que je suis gamin : je ne peux pas changer ça, a-t-il déclaré au magazine *GQ*. C'est impossible à changer. Je peux modifier d'autres choses, mais ça, non ! »

À DROITE : le placement du bandana fait partie de ses nombreux rituels d'avant-match.

Même sa pauvre mère Ana María a été convoquée dans ce grand débat. « Vous n'imaginez pas le nombre de sous-vêtements que des gens lui ont offerts, en croyant que ceux qu'il portait ne lui allaient pas, a-t-elle révélé une fois dans un magazine espagnol. J'ai même reçu un message de quelqu'un suggérant qu'il change de taille, avec quatre paires de caleçons dans le colis ! C'est un tic nerveux, et plus il est nerveux… Il l'a eu toute sa vie. Je pense qu'il a un popotin un peu plus large qu'il ne devrait. »

Non pas que Rafa soit le seul tennisman à avoir un rituel immuable avant de servir : Alexander Zverev tire son maillot pour gratter une démangeaison imaginaire, Denis Shapovalov fait rebondir deux fois la balle entre ses jambes, Novak Djokovic la fait rebondir avec sa main et sa raquette pendant une durée interminable… Il a même admis que son record était 38 fois, durant un match de Coupe Davis.

Il est vrai que ces routines et rituels irrationnels ou superstitieux jouent un grand rôle dans la psychologie sportive, où le succès s'appuie sur la confiance. Pendant son parcours à Wimbledon en 2001, le joueur croate Goran Ivanišević (un autre gaucher) s'est convaincu que le fait de regarder chaque jour un épisode de l'émission enfantine *Télétubbies* l'aiderait à gagner. (Et il s'y est tenu.) En 2008, lorsque Serena Williams s'est inclinée

au troisième tour de Roland-Garros alors qu'elle en était la favorite, elle a dit que c'était parce qu'elle n'avait pas suivi sa routine habituelle. « Je n'ai pas fait mes lacets comme il fallait ni fait rebondir la balle cinq fois, et je n'ai pas apporté mes sandales de douche sur le court, a-t-elle expliqué. Et je n'avais pas de tenue supplémentaire. Je savais que c'était le destin. Ça ne serait pas mon jour. »

Les athlètes d'autres sports peuvent avoir des superstitions encore plus surprenantes. Prenez Mark Ramprakash, une star du cricket anglais. En 2011, il a attribué sa réussite à la batte au fait qu'il mâchait toujours le même chewing-gum. Dans ce sport se déroulant régulièrement sur plusieurs jours, si le match n'était pas terminé à la fin de la journée et qu'il n'avait pas encore été éliminé, il collait son chewing-gum sur la poignée de sa batte « pour le reprendre lorsque le match redémarrait le lendemain matin », a-t-il expliqué.

Le football n'y échappe pas : le gardien australien Mark Schwarzer a porté la même paire de protège-tibias pendant tous les matchs de sa carrière professionnelle : de 1990 (alors qu'il avait 19 ans) jusqu'à ce qu'il raccroche les crampons en 2016. « J'ai dû dire au responsable de l'équipement de chaque club dans lesquels j'ai évolué que s'il les perdait, je le tuerais ! » a-t-il expliqué une fois. Tiger Woods est connu pour porter un maillot rouge lors du dernier tour de chacune de ses compétitions de golf, une manie qu'il a depuis ses débuts en junior. « J'ai conservé cette habitude par superstition et ça a marché. Alors je ne vais pas en changer. »

Mais toute cette folie superstitieuse répond-elle à une méthode ? Dans les années 1940, un psychologue comportemental américain nommé Burrhus Frederic Skinner a tenté de comprendre les superstitions humaines en examinant des pigeons. Il a placé des oiseaux affamés dans une cage équipée d'un appareil qui livrait automatiquement de la nourriture. Étrangement, les pigeons ont rapidement associé la nourriture à l'action qu'ils réalisaient lorsqu'ils l'ont reçue, quelle que soit cette action, et ils ont commencé à croire qu'en refaisant la même chose, ils obtiendraient plus de nourriture.

« L'un des oiseaux s'est conditionné à tourner dans la cage dans le sens antihoraire, réalisant deux ou trois tours entre les distributions », a écrit Skinner dans le *Journal of Experimental Psychology*, dans un article intitulé « Superstition in the Pigeon » (La superstition du pigeon). « Un autre tapait

À GAUCHE : remettre ses cheveux derrière ses oreilles est l'un de ses rituels clés.

plusieurs fois de la tête l'un des coins supérieurs de la cage. Un troisième plaçait sa tête sous une barre imaginaire et la soulevait à plusieurs reprises. Deux oiseaux ont développé un mouvement de pendule avec la tête et le corps, dans lequel la tête avançait et se balançait de droite à gauche, avec un mouvement brusque suivi par un retour plus lent. »

À la lecture de cette étude, la manière dont Rafa pose ses bouteilles d'eau, prend des douches froides et ajuste ses sous-vêtements semble d'un coup moins étrange.

Skinner a comparé les superstitions des pigeons aux superstitions humaines : « L'expérience semble démontrer une forme de superstition. L'oiseau se conduit comme s'il y avait une relation de causalité entre son comportement et la distribution de nourriture, même s'il n'en existe pas entre ces deux événements. Il existe de nombreuses analogies dans le comportement humain. Les rituels pour changer sa chance aux jeux de cartes constituent un bon exemple. Quelques liens accidentels entre un rituel et une séquence favorable suffisent à définir et à entretenir ce comportement, même si elle est souvent démentie. Autre bon exemple, une personne jouant au bowling qui agite ses bras après avoir lancé sa boule, comme s'il la contrôlait encore. Ces comportements n'ont évidemment aucun effet réel sur sa chance ni sur la trajectoire de la boule de bowling, tout comme dans le cas présent : la nourriture était livrée aussi souvent que le pigeon reproduise son rituel, fasse autre chose ou ne fasse rien. »

Mais bien que les rituels et manies de Rafa n'aient aucun effet sur le résultat d'un match, ils l'aident à se contrôler. Inconsciemment, il croit qu'ils ont un effet. Le contrôle qu'il exerce sur ces rituels l'aide à contrer le manque de contrôle qu'il a sur tous les autres éléments du match. « Quand je fais ces choses, ça veut dire que je suis concentré, que je suis dans la compétition, a-t-il expliqué. Je n'ai pas besoin de les faire, mais quand je les fais, ça veut dire que je suis concentré. »

Rafa a parlé de ce besoin de se transformer en « machine de tennis » pendant les matchs, en faisant abstraction de ses sentiments et en masquant ses vulnérabilités pour augmenter ses chances de gagner. Pour lui, c'est l'équivalent d'enfiler une armure pour un chevalier médiéval. « C'est un genre d'autohypnose, pour cacher ses faiblesses autant à soi-même qu'à son adversaire », décrivait-il dans son autobiographie, *Rafa*.

CI-DESSUS
ET AU VERSO :
si les rituels de Rafa n'ont aucun impact sur le résultat d'un match, ils renforcent sa concentration.

Abordons maintenant la question épineuse de ses phobies. Au fil des années, il a reconnu nourrir plusieurs peurs irrationnelles. Sa mère a admis qu'il avait peur du noir et préférait dormir avec la lumière allumée. Elle a même révélé que son fils l'avait appelée une fois au beau milieu de la nuit, en panique. « Il m'a dit : "Maman, on a un problème ! Il y a une panne d'électricité et je suis mort de peur". J'ai dû lui dire dans quel tiroir se trouvaient les piles pour les lampes torches. »

Dans une interview pour le magazine *Vogue*, Rafa s'est exprimé sur sa peur du noir. « Être seul la nuit, ça me rend nerveux. Si je suis chez moi, je dors sur le canapé. Je n'arrive pas à me mettre au lit. Je garde la TV et les lumières allumées. Dans la vie, je ne suis pas très courageux ! Sauf au tennis. Mais en dehors des courts, pas tellement. »

Lorsqu'il était jeune, Rafa se cachait sous les coussins lors des orages. Et même aujourd'hui, il essaie de décourager sa famille de sortir lorsque

Vittel
Vittel
NIKE
NIKE

AIR
evian
evian
AIR

RAFA
MOUNT FRANKLIN

RAFA
Ganten

STATS DE SERVICES ET RETOURS EN SIMPLE

	2005	2008	2013
Stats au service en simple			
Aces	219	283	221
Doubles fautes	131	117	120
1er service	69 %	69 %	69 %
Points gagnés au 1er service	71 %	72 %	73 %
Points gagnés au 2e service	57 %	60 %	57 %
Points de break subis	449	395	356
Points de break sauvés	64 %	67 %	69 %
Jeux de service joués	1038	1054	913
Jeux de service gagnés	84 %	88 %	88 %
Total de points de service gagnés	66 %	68 %	68 %
Stats en retour en simple			
Points gagnés en retour de 1er service	37 %	34 %	35 %
Points gagnés en retour de 2e service	57 %	55 %	54 %
Points de break obtenus	845	786	662
Points de break convertis	46 %	45 %	47 %
Jeux de retour joués	1031	1045	916
Jeux de retour gagnés	38 %	33 %	34 %
Points de retour gagnés	45 %	43 %	42 %
Total de points gagnés	55 %	55 %	55 %

2017	2020	Comparaison 2005-2020	Total carrière, toutes surfaces	Total carrière, terre battue
286	157		3,856	985
123	66		2,066	681
68 %	64%		68 %	70 %
74 %	75 %		72 %	70 %
61 %	58 %		57 %	57 %
340	160		6,309	2,526
70 %	68 %		67 %	66 %
939	414		14,780	5,499
89 %	87 %		86 %	85 %
70 %	69 %		67 %	66 %
35 %	35 %		34 %	40 %
56 %	57 %		55 %	58 %
718	278		10,943	4,800
41 %	49 %		45 %	49 %
908	398		14,633	5,433
33 %	34 %		34 %	43 %
43 %	43 %		42 %	47 %
56 %	56 %		55 %	56 %

la météo prévoit tonnerres et éclairs. Quand il était tout jeune, son oncle Toni se servait de cette phobie pour qu'il se concentre sur le terrain. Il disait à Rafa que s'il n'était pas concentré à 100 % sur son jeu, les dieux de la tempête se fâcheraient. Et ça fonctionnait chaque fois.

La peur des orages n'est toutefois que la partie visible de l'iceberg. Voitures rapides, motos, hélicoptères, vélos, eaux profondes, incendies, chiens, araignées – en fait, la plupart des animaux… La litanie des choses qui le terrifient est longue.

Dans cette liste, la peur des hélicoptères est peut-être la plus logique. Pourtant, lorsqu'il doit en prendre un pour un déplacement professionnel, il le fait. Il tente aussi d'éviter les deux-roues. « J'ai une moto, mais c'était un cadeau et je ne m'en sers pas, a-t-il reconnu. J'ai peur des motos. C'est très dangereux et l'on n'a qu'une vie. »

Sa peur des voitures est moins compréhensible, d'autant qu'il possède plusieurs bolides puissants. Sa mère explique pourtant combien il est prudent au volant, à freiner sans arrêt et à s'éviter de doubler.

La peur des eaux profondes semble elle aussi en contradiction avec sa vie insulaire. Pourtant, sa sœur a révélé qu'il nageait uniquement là où il voyait le fond et qu'il ne faisait pas de jet-ski (même s'il a conquis cette peur, selon des photos de paparazzi le montrant vrombir avec sa femme et ses amis). Sauter des falaises, comme tout gamin majorquin ? Jamais de la vie. Il n'aime pas trop faire du vélo non plus, craignant toujours de tomber.

Mais la plus grande peur de Rafa est que le sort ne s'abatte sur sa famille. Le moindre risque de maladie ou d'accident le fait grimper aux rideaux. Sa mère raconte que, lors des mois d'hiver, Rafa lui rappelle constamment de vérifier que le feu de la cheminée est complètement éteint avant d'aller se coucher. Lorsqu'il sort le soir avec ses amis, il l'appelle parfois jusqu'à trois reprises pour le lui rappeler. Il entretient des liens extrêmement forts avec sa famille : cela explique peut-être qu'il n'ait jamais déménagé hors de son île natale. De nombreux tennismen se sont installés dans des pays plus avantageux au niveau fiscal, mais Rafa préfère rester proche de sa famille, même s'il est imposé à 47 % de ses revenus en Espagne.

La pandémie mondiale de Covid n'a fait que renforcer les peurs de Rafa, comme celles de chacun. Âgé de 33 ans lorsqu'elle est apparue, il ne craignait pas pour sa propre santé. « Mais si je suis infecté, je risque de le transmettre à des personnes à risque, expliquait-il dans un entretien récent. Je m'inquiète pour mes parents, pour ma famille, pour ma communauté. C'est le moment le plus difficile de notre vie. C'est pourquoi il est temps de se battre pour des choses plus importantes que des matchs de tennis. »

Lorsque l'on observe Rafa sur le court, l'ensemble de ces rituels, manies et phobies ne semble pas coller. Cette dichotomie entre l'athlète inarrêtable et le petit garçon effrayé est saisissante. Carlos Moyà, l'entraîneur de Rafa, a comparé le joueur à la double personnalité

DIRECTION DU SERVICE :
MODÉLISATION DU SERVICE DE RAFA NADAL

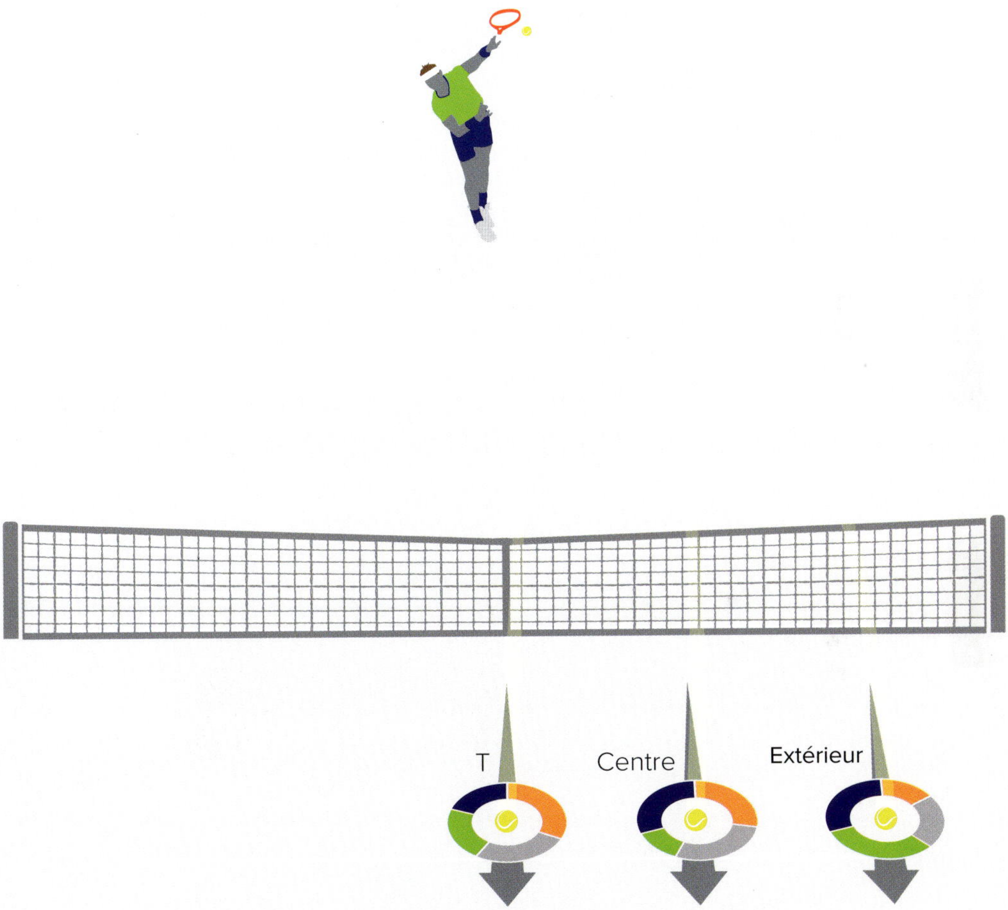

Direction de la 1re balle de Nadal
0-0
Extérieur = **25 %**
Centre = **13 %**
T = **62 %**

Direction de la 1re balle de Nadal
15–15
Extérieur = **36 %**
Centre = **13 %**
T = **51%**

Direction de la 1re balle de Nadal
30–0
Extérieur = **52 %**
Centre = **6 %**
T = **42 %**

Direction de la 1re balle de Nadal
0–30
Extérieur = **49 %**
Centre = **14 %**
T = **37 %**

de Clark Kent et Superman : le gringalet à lunettes, bien élevé mais peu à l'aise en public, qui se métamorphose en superhéros intrépide, puissant et triomphant. Tout comme Superman, Rafa affiche toujours les deux aspects de sa personnalité : le bambin de Majorque et le superhéros.

Comme il l'a expliqué lui-même : « Sur les courts de tennis, je peux donner l'impression d'être téméraire en façade, mais au fond de moi, j'ai la frousse. Je pense que la peur fait partie de la vie. »

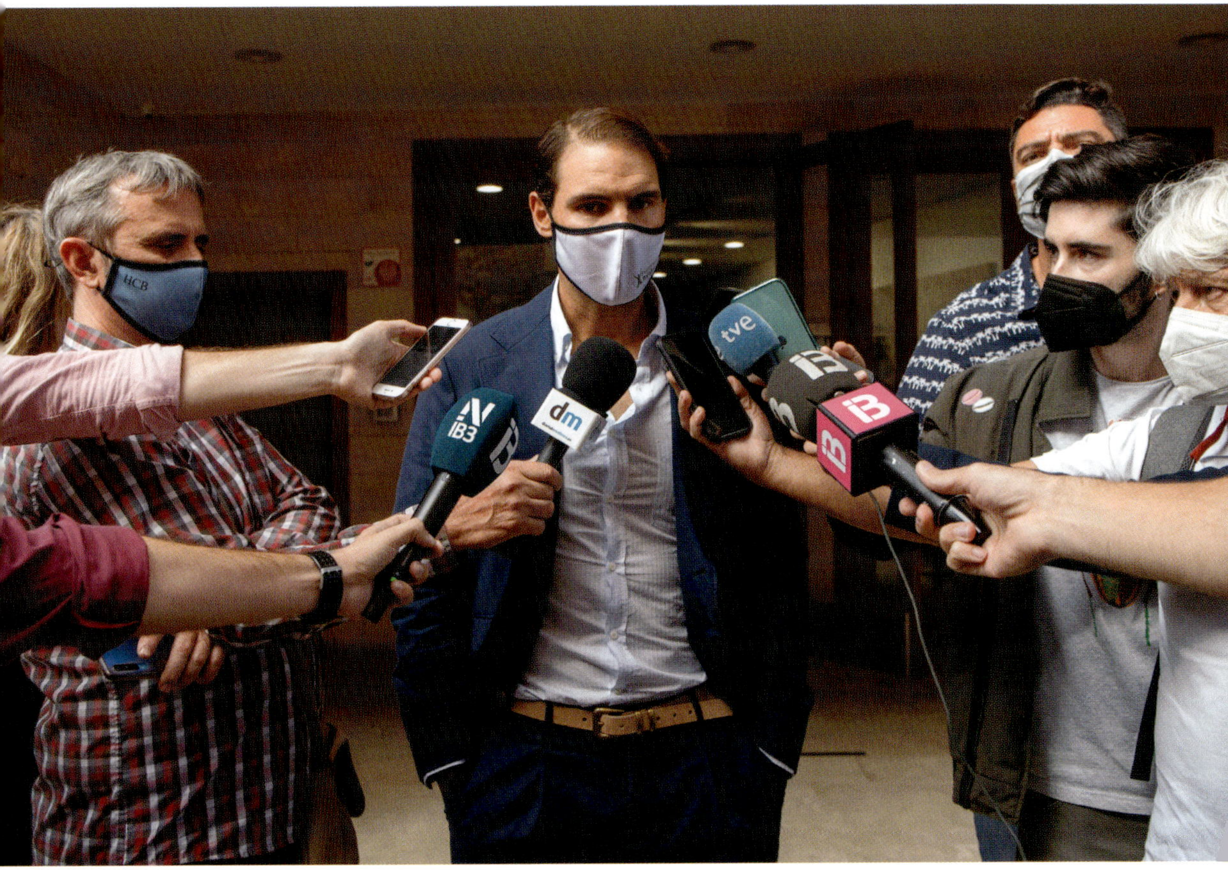

EN HAUT
À GAUCHE :
un Rafa nerveux en hélicoptère, à Perth (Australie), en 2020.

EN HAUT À DROITE :
face aux médias pendant la pandémie mondiale.

AU VERSO :
sur le terrain, à Miami (Floride), en 2004.

« Quelque part, il existe une planète Nadal, où les bébés ne jouent pas avec des poupées mais des raquettes, où les muscles grandissent avant les os, où le courage s'apprend avant la parole, et où le cœur bat plus fort. Rafa est un adolescent qui s'est transformé en un surhomme. »

Quotidien *El País*

LE MATCH

ROLAND-GARROS

5 juin 2005
Stade de Roland-Garros, à Paris (France)
Finale : Rafa Nadal vs Mariano Puerta
Victoire de Rafa Nadal contre Mariano Puerta 6-7, 6-3, 6-1, 7-5

Lorsque Rafa a gagné son premier titre à Roland-Garros à tout juste 19 ans, qui aurait pensé qu'il remporterait 13 sacres supplémentaires sur la terre battue parisienne, pour en devenir l'homme le plus titré de l'Histoire ? Aujourd'hui, chacun accepte que l'Espagnol soit le roi de l'ocre mais, à l'époque, 14 titres aux Internationaux de France, c'était impensable.

De la fin de l'hiver au printemps 2005, le niveau de Rafa sur terre battue a connu une croissance exponentielle. En février, il remportait deux tournois ATP mineurs, au Brésil et au Mexique. Début avril, sur synthétique, il atteignait la finale des Masters de Miami, où il s'inclinait en cinq sets palpitants face à Roger Federer. Quelques semaines plus tard, il retrouvait la terre battue pour gagner son premier Masters ATP à Monte-Carlo, avant de décrocher le titre à Barcelone et à Rome.

Dans son parcours jusqu'en finale à Roland-Garros, il a éliminé Richard Gasquet, Sébastien Grosjean, David Ferrer et Roger Federer : il semblait intenable. La grande majorité des fans s'attendait à le voir battre Mariano Puerta sur le court Philippe-Chatrier. Parmi les spectateurs figurait Juan Carlos : la présence du roi d'Espagne à Paris pour regarder le prince de la terre battue témoignait du nouveau statut du jeune Majorquin.

Avec ses cheveux à longueur d'épaules, son pantalon de style pirate, son bandana blanc et son maillot vert acidulé, Rafa commençait sa première finale de Grand Chelem sur les chapeaux de roues, en breakant le tout premier jeu. Ensuite, alors que Rafa menait 3-1 et 40-15, Puerta a demandé un temps mort en rejoignant lentement sa chaise, puis s'est fait strapper la cuisse droite. Rafa s'est-il dit que l'affaire était pliée après une demi-heure de jeu ? L'Argentin a rapidement rebondi, en sauvant deux points de break, pour ensuite revenir à 3-3. Malgré le strapping, il n'affichait aucun signe de faiblesse. Les deux joueurs ont continué leurs longs échanges du fond de court, Puerta adressant régulièrement des frappes surpuissantes qui auraient certainement fait chuter n'importe quel autre adversaire.

Mais Rafa réalisait une défense héroïque et brillait tout autant dans ses contre-attaques instantanées. Et pour le plus grand plaisir du public parisien, il fêtait quasiment tous ses points en levant le poing en l'air et en criant : « *Vamos !* » Nous sommes aujourd'hui habitués à ses célébrations mais, à l'époque, au tout début de sa carrière, elles étaient très rafraîchissantes. La réaction de Puerta oscillait entre le mécontentement et l'amusement. Mais c'est lui qui avait demandé une pause.

Ce premier set très disputé allait au tie-break, dont le point le plus spectaculaire intervenait à 2-2 : un échange intense de 14 coups qui s'est conclu lorsque Rafa a sprinté pour reprendre un amorti de Puerta, qui était au filet. Le jeune Espagnol lui a claqué un retour directement dans la tête, avant de célébrer son point, le poing en l'air. Il s'en est bien excusé peu

CI-DESSOUS : Puerta et Nadal en finale de Roland-Garros en 2005.

IBM

après, mais il apparaissait clairement que la tension entre les deux joueurs était à son paroxysme.

Rafa était chaud et il réalisait ensuite deux points gagnants somptueux : un coup droit lobé dans le coin du terrain, puis un revers décroisé qui a surpris tout le monde – dont Rafa lui-même, qui en lâchait sa raquette. Mais Puerta réagissait avec finesse, notamment grâce à ses amortis, et se procurait une balle de set à 6-5, puis une autre à 7-6, pour remporter le premier set.

La réponse de Rafa a été aussi rapide que dévastatrice. C'était la première fois du tournoi qu'il se retrouvait mené d'un set, mais il n'a jamais été du genre à céder à l'abattement. Au lieu de cela, il a fait monter la pression et s'est battu sur toutes les balles, même celles sur lesquelles la plupart des joueurs auraient fait une croix. Cette combativité a offert des échanges passionnants et un match souvent considéré comme un classique de la terre battue.

Dans le quatrième jeu du deuxième set, Rafa a de nouveau pris le service de Puerta, ce qui a coupé les jambes de l'Argentin, qui avait enchaîné des matchs en cinq sets en quarts et en demi-finale. Rafa dominait ensuite le troisième set, qu'il remportait sur une double faute de son adversaire.

L'Argentin puisait alors dans des réserves insoupçonnées et obtenait même deux balles de set à 5-4. Mais Nadal faisait parler son physique et sauvait les deux… puis une troisième : soudain, au lieu de la perspective d'un cinquième set, Puerta se retrouvait à défendre une balle de break. Et Rafa revenait à 5-5.

Puerta avait laissé passer sa chance : à 5-6, mené 30-40, il servait pour rester dans le match. Mais après le retour de Rafa, il envoyait son coup droit dans le couloir. L'Espagnol s'écroulait immédiatement sur le dos, épuisé mais aux anges. Le règne du roi de la terre battue venait de commencer.

Il lui restait à être consacré par le roi d'Espagne. Rafa montait en tribunes, avec les cheveux, le maillot et le short couverts de poussière de brique, pour embrasser ses parents, sa sœur, ses oncles et tantes, ainsi que ses amis proches et loyaux. Juan Carlos se penchait alors pour féliciter son sujet espagnol en l'agrippant par son biceps en sueur, qui avait infligé tant de mal à Puerta. Submergé par l'émotion, Rafa a ensuite attendu patiemment dans sa chaise de bord de court que la cérémonie de remise

CI-CONTRE, EN HAUT : les célébrations exubérantes de Rafa sont désormais monnaie courante, mais elles détonnaient en 2005 à Roland-Garros.

CI-CONTRE, EN BAS : l'oncle Toni et le roi d'Espagne Juan Carlos félicitent le nouveau héros national.

AU VERSO : le footballeur légendaire Zinédine Zidane a remis à Rafa son premier trophée de Roland-Garros.

du trophée se prépare. Enfin, accompagné par l'une des ramasseuses de balles, il a rejoint le podium. C'est des mains du légendaire Zinédine Zidane qu'il a reçu la coupe des Mousquetaires.

Ce soir-là, Rafa et son équipe ont fêté la victoire dans une boîte de nuit des Champs-Élysées. Pendant ce temps, les félicitations affluaient de tous les côtés. Les politiciens espagnols ont rapidement fait vibrer la corde patriotique et son site Internet officiel a été bombardé de messages, dont plusieurs demandes en mariage.

Quelques années plus tard, Rafa est revenu avec émotion sur ce premier sacre en Grand Chelem. « J'étais très jeune : j'avais énormément d'énergie, la folie de la jeunesse, se souvient-il. J'ai été capable de renvoyer des coups difficiles, de remporter des points importants et de réaliser des retours puissants. J'ai joué avec beaucoup de passion. J'avais fait un bon match en demi-finale, et la finale n'a pas été simple. Mais physiquement, je me sentais extrêmement bien. J'avais confiance en mon jeu car j'avais gagné tous les tournois précédents [ce printemps-là], mais j'avais parfaitement conscience que tout pouvait arriver.

« Tout s'est passé si vite… En l'espace de deux mois, je suis passé d'une 50e place mondiale à la finale de Roland-Garros. Je l'ai très bien géré, avec sérénité. J'ai été bien élevé. J'étais préparé à gérer un tel événement. Après cette victoire, en rentrant à l'hôtel, je me suis dit : "OK, j'ai gagné le tournoi le plus important du monde du tennis. Alors, je vais pouvoir jouer avec moins de pression et plus de calme pour le reste de ma carrière." Mais en fait, c'est tout l'inverse : chaque année, tu joues avec encore plus de pression que la précédente. »

> Le fait de croquer le trophée, ça a commencé comme une blague. Mais depuis ce jour, il y avait toujours des photographes pour me demander de le faire. Alors j'ai continué et, maintenant, je n'ai plus le choix, car je peux vous assurer qu'ils n'ont pas bon goût.
>
> Rafa Nadal

RAFA

6

CÔTÉ BUSINESS

À GAUCHE :
habillé par Nike de la tête aux pieds à Cincinnati, du short au bandeau en passant par le maillot.

Alors qu'il approche doucement de la fin de sa carrière, Rafa voit ses gains en primes et sponsoring diminuer. En 2014, l'année où il a gagné son neuvième titre à Roland-Garros, il a remporté la somme astronomique de 44,5 millions de dollars, dont 30 millions de ses contrats de sponsors et 14,5 millions en gains de tournois. En 2016, ce montant avait chuté à 37,5 millions de dollars, mais deux ans plus tard, il était repassé à 41,4 millions de dollars.

L'argent que gagnent les sportives et les sportifs n'est pas une science exacte. Leurs comptables n'ont pas tendance à rendre publiques leurs feuilles d'imposition… Mais chaque année, le magazine américain *Forbes* publie sa liste des cinquante athlètes les mieux payés, en utilisant les recherches de plusieurs personnes informées des primes, salaires, bonus, contrats de sponsoring, primes de participation, et revenus des licences et des entreprises annexes. La liste couvrant la période de mai 2021 à mai 2022 offre la première place à Lionel Messi, la légende du football qui a engrangé 180 millions de dollars de gains. Il devance le basketteur LeBron James (121 M$) et Cristiano Ronaldo (115 M$). Le tennisman le mieux payé est Roger Federer avec 90 millions de dollars. Souvent blessé et touché par la pandémie mondiale ces deux années-là, Rafa est absent du classement.

Il ne risque toutefois pas d'être obligé de se serrer la ceinture : au cours de sa carrière, il a amassé environ 131 millions de dollars uniquement par ses gains en tournois, ce qui en fait le deuxième joueur ex aequo le mieux payé de tous les temps, derrière Djokovic (156 M$) et à égalité avec Federer. Cette somme est toutefois sans rapport avec les paiements gargantuesques de ses sponsors. Depuis qu'il est devenu professionnel en 2001, de nombreuses marques se sont pressées au portillon pour être associées au joueur, un intérêt qui a encore grandi à chacune de ses victoires en Grand Chelem. Actuellement, il est sous contrat notamment avec Nike (équipementier), Babolat (fabricant de raquettes), Santander Group (grande institution financière espagnole), Kia (constructeur automobile), Mapfre (assureur espagnol), Heliocare (produits cosmétiques), Telefónica (téléphonie), Richard Mille (montres suisses) et Amstel (pour sa bière sans alcool, bien entendu).

Rafa est pourtant loin d'être le tennisman le plus riche du monde : cet honneur revient à Roger Federer. En 2020, selon le magazine *Forbes*, ce dernier a gagné 106,3 millions de dollars. Comme indiqué plus haut, le Suisse domine les tennismen lors du dernier classement avec 90 millions de dollars, mais il n'a gagné que 647 655 dollars en primes de tournois pour la saison 2021 du calendrier ATP. Dans la liste de *Forbes*, Roger est suivi par Naomi Osaka, Serena Williams et Djokovic.

Comment expliquer que le tennis garantisse de tels revenus de sponsoring pour les plus grands pros ? C'est surtout grâce à la télévision. Lors des tournois de tennis, entre les points, les caméras se concentrent sur leur tête et leur buste, garantissant une apparition régulière à l'écran du logo des vêtements qu'ils portent. Les matchs peuvent durer trois heures, voire plus (surtout sur la surface préférée de Rafa, la terre battue), ce qui peut représenter une immense exposition en cumulé sur l'ensemble d'un tournoi. D'autre part, le tennis est un sport populaire à l'échelle mondiale (le Tour ATP masculin organise des tournois dans 30 pays répartis sur les cinq continents), il est très prisé par la classe moyenne aisée et il est diffusé de janvier à novembre. Les sponsors réalisent un excellent retour sur investissement.

Mais les athlètes comme Rafa, Federer et Djokovic ont des atouts supplémentaires : charisme, beauté et attrait des médias. L'Espagnol remporte des tournois du Grand Chelem depuis 2005, ce qui lui garantit une couverture médiatique et une célébrité mondiales. S'il ne maîtrise pas une demi-douzaine de langues comme Federer, il parle majorquin, espagnol et anglais (de façon parfois hésitante). Avec l'espagnol et l'anglais, ses interviews sont reprises dans de nombreux pays dans

PAGE OPPOSÉE, EN HAUT : Rafa représente Babolat, qui l'a grassement payé au fil des années.

PAGE OPPOSÉE, EN BAS : une séance de shooting pour la compagnie d'assurances Mapfre.

Babolat

MAPFRE

le monde. Il est plutôt beau garçon, renvoie une image saine et peut servir de mannequin sur le court comme en dehors. Il l'a d'ailleurs fait par le passé, donnant de sa personne pour les marques de sous-vêtements pour Emporio Armani et Tommy Hilfiger.

La majorité des marques associées à son image (à l'exception des caleçons) sont plutôt des institutions sérieuses. Cela explique pourquoi il est toujours extrêmement prudent dans ses interviews et sur les réseaux sociaux pour ne rien dire qui puisse prêter à la controverse. Un écart de langage et il pourrait perdre un contrat très lucratif du jour au lendemain. C'est aussi pour cela que Rafa manie comme personne la rhétorique des conférences de presse.

CI-DESSOUS : heureusement pour Shakira, Rafa a l'habitude de s'allonger et de se rouler sur des surfaces à petits grains chauds.

Rafa possède d'autres contrats de sponsoring moins importants avec des marques plus modestes. Biscuits, jeux vidéo, équipements sportifs… et il a dû obtenir un bon prix pour son catamaran Sunreef, car il n'hésite pas à prendre la pose sur son bateau pour les photos promotionnelles de la marque.

Certaines grandes marques incluent dans leurs obligations contractuelles des apparitions publiques, des pubs TV, des campagnes sur les réseaux sociaux, des placements de produits et une attitude positive envers leurs produits. Mais d'autres marques plus petites s'accommodent parfaitement d'un contact plus limité, comme une courte conférence de presse, quelques apparitions dans les médias et une mention sur les réseaux sociaux.

Son impact sur les réseaux sociaux augmente chaque année. Au moment de la rédaction de cet ouvrage, il comptait 15,7 millions d'abonnés sur Twitter, 15 millions sur Facebook et 12,2 millions sur Instagram, trois plateformes qu'il utilise très régulièrement pour faire la promotion de ses sponsors.

Rafa s'est même aventuré dans le monde de la musique pop. En 2010, il a participé au clip de la chanson « Gypsy » de la chanteuse colombienne Shakira. Elle existe évidemment en langue anglaise, mais aussi en espagnol, « Gitana ». En Espagne, le single a été disque de platine, sans doute en partie en raison de la contribution très *caliente* de Rafa, torse nu dans la chaleur du désert.

Au début du clip, la chanteuse colombienne (qui a neuf ans de plus que Rafa) joue une intro de type musique country à l'harmonica, en avançant vers la caméra, habillée d'un dos nu et d'une jupe légère noire. De son côté, un Rafa sensuel et couvert de sueur attend à côté d'un grillage comme un adolescent en mal d'amour, en jean et tee-shirt blanc.

Plus tard, le beau latino et la belle latina sont allongés au sol, se tiennent la main, s'enlacent, se font un bisou esquimau et se susurrent des mots doux à l'oreille. Soudain, Rafa est torse nu et Shakira est à califourchon sur lui, à lui passer la main dans les cheveux. Elle lui offre ensuite un numéro de danse flamenco en spectacle privé. Le tout se prolonge avec d'autres câlins et se termine sur un baiser. Si ce clip a sans doute encore embelli l'image de Rafa, surtout dans le monde hispanophone, il n'est en rien une indication sur une reconversion future dans une carrière d'acteur. D'ailleurs, le joueur a bien d'autres intérêts commerciaux pour s'occuper, une fois qu'il raccrochera sa raquette.

CHRONOLOGIE DES SUCCÈS DE RAFA

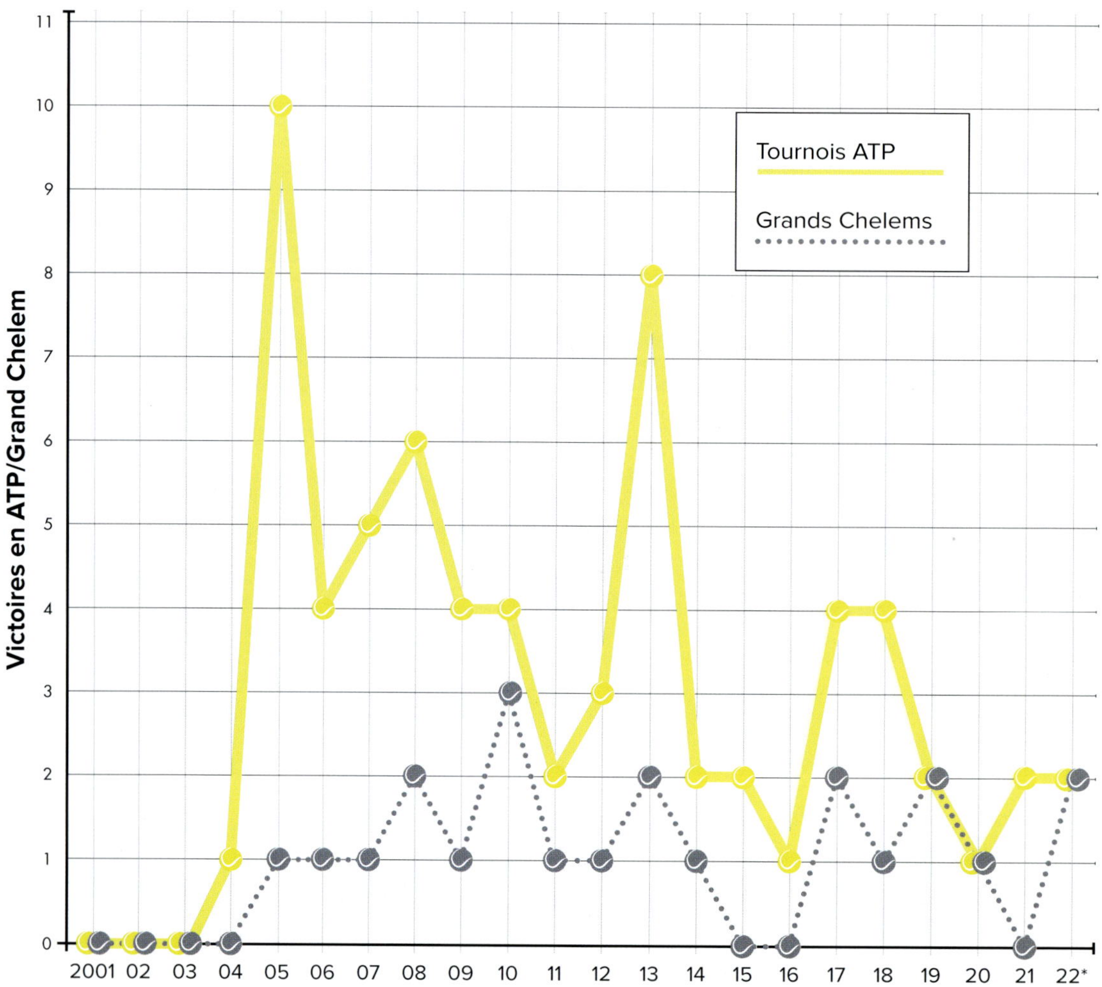

*Les titres de 2022 s'arrêtent au 6 juin

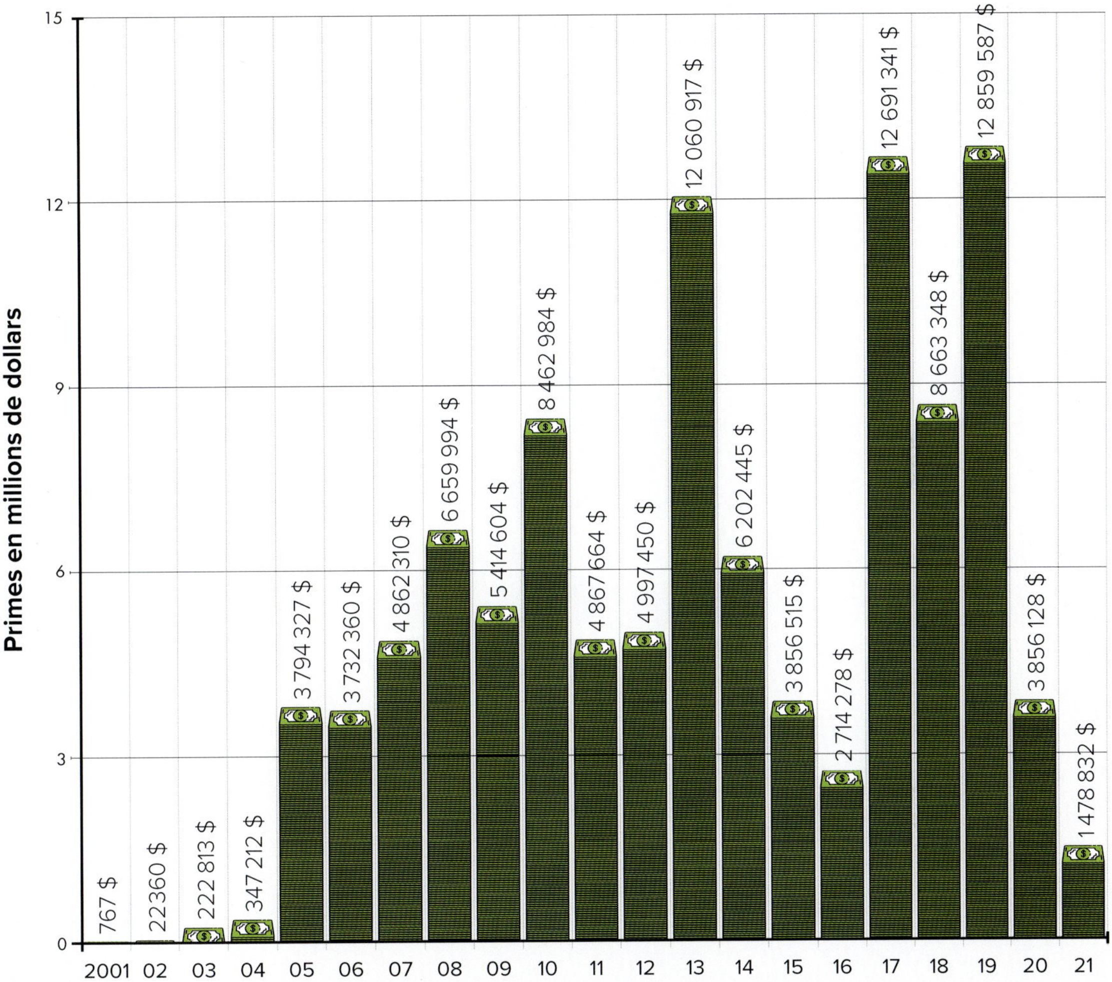

Primes en millions de dollars
15
12
9
6
3
0
767 $
22360 $
222 813 $
347 212 $
3 794 327 $
3 732 360 $
4 862 310 $
6 659 994 $
5 414 604 $
8 462 984 $
4 867 664 $
4 997 450 $
12 060 917 $
6 202 445 $
3 856 515 $
2 714 278 $
12 691 341 $
8 663 348 $
12 859 587 $
3 856 128 $
1 478 832 $
2001 02 03 04 05 06 07 08 09 10 11 12 13 14 15 16 17 18 19 20 21

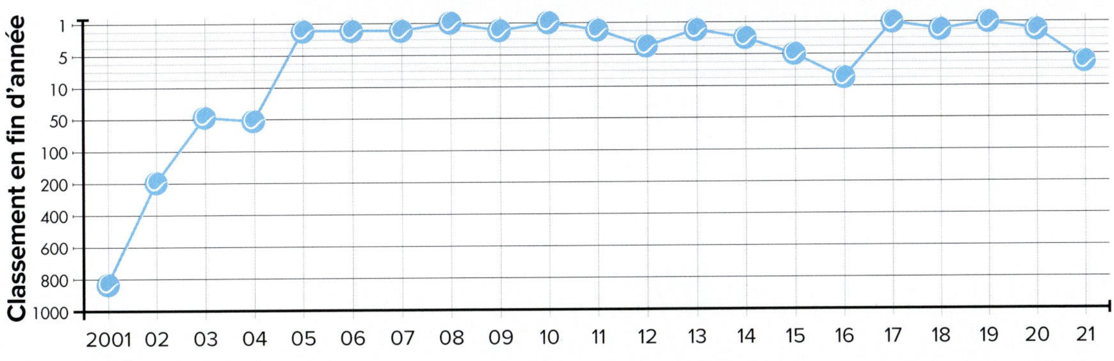

Classement en fin d'année
1
5
10
50
100
200
400
600
800
1000
2001 02 03 04 05 06 07 08 09 10 11 12 13 14 15 16 17 18 19 20 21

Plus jeune, il a affirmé qu'amasser de l'argent ne l'intéressait pas du tout. Dans un livre de 2008, écrit par Jaume Pujol-Galceran et Manel Serras et intitulé *Rafaël Nadal, maître sur terre*, il a expliqué qu'il laissait son père prendre toutes les décisions financières. « Je n'ai aucune idée de l'argent que je gagne. Ça ne veut pas dire que je me fiche de l'argent, mais je n'ai jamais eu à le gérer. Je sais seulement qu'en jouant bien, je n'ai aucun problème d'argent. »

Il affirmait que son téléphone portable bas de gamme prouvait son indifférence à la richesse. « De tous les joueurs espagnols, c'est moi qui ai le téléphone le plus moche. On me chambre souvent

CI-DESSOUS : avec la DJ Krystal Roxx et la présentatrice TV Laura Whitmore, à une soirée sponsorisée par la marque de boissons Bacardi, en 2013.

sur les tournois à cause de ce téléphone. Moi, tout ce qui m'importe, c'est qu'il marche. Je n'ai pas besoin d'un appareil ultramoderne avec des tonnes de fonctions que je n'utiliserai jamais. Certaines personnes se satisfont de boire un Coca-Cola à la plage. Moi, je suis comme ça. D'autres ont besoin de conduire une Ferrari ou d'acheter un jet privé. À chacun son bonheur. » Il va sans dire qu'aujourd'hui, il possède un téléphone bien plus cher.

Au fil des années, Rafa et sa famille ont bâti un empire commercial impressionnant, qui s'étend désormais sur l'ensemble de Majorque, dans le reste de l'Espagne, et même à l'étranger. Avant qu'il ne devienne professionnel, ses parents géraient déjà plusieurs entreprises dans la région de Manacor. La famille de sa mère détenait une entreprise de meubles à Manacor, une ville où l'industrie de l'ameublement était florissante depuis des décennies. L'arrière-grand-père maternel de Rafa était un ébéniste exceptionnel : c'est lui qui a lancé les affaires familiales. Le grand-père de Rafa lui a dit une fois qu'en 1970, 2000 lits en bois étaient fabriqués dans l'ensemble des îles Baléares… dont la moitié dans ses propres ateliers. Même s'il exagérait sans doute un peu.

Plus tard, la mère de Rafa, Ana María, a possédé une boutique de parfums qu'elle a abandonnée pour se concentrer sur son rôle « de femme au foyer ».

Le père de Rafa, Sebastián, est désormais l'homme d'affaires le plus connu et accompli de toute l'île. Son fils estime qu'il est aussi motivé par l'argent que par le frisson de conclure des affaires. Il a commencé à travailler dès l'adolescence, en ouvrant un bar dans la ville balnéaire de Porto Cristo. À 19 ans, il vendait des voitures d'occasion, avant de travailler furtivement dans une banque. Sebastián s'est ensuite reconverti dans la verrerie et les vitrages, pour accompagner le boom du tourisme à Majorque au début des années 1980, tiré par la croissance du BTP, qui avait grand besoin de portes vitrées, de fenêtres et de tables. Après quelques années, Sebastián et son frère Toni ont levé de l'argent pour acheter l'entreprise de verrerie, désormais baptisée « Vidres Mallorca ». Mais c'est Sebastián qui la dirigeait, ce qui laissait le temps à Toni d'entraîner son neveu.

À partir de là, l'empire de Sebastián et de Toni a grandi, quand ils ont commencé à investir dans l'immobilier. Longtemps, Toni a reçu la moitié des bénéfices en ne faisant quasiment rien. Les deux frères étaient ravis de cet arrangement, car le niveau de Rafa au tennis progressait de manière spectaculaire. Plus tard, Rafa, son père et ses deux oncles (Miguel Ángel et Toni) ont créé une entreprise, Nadal Invest, spécialisée dans l'immobilier. Par ailleurs, tous les contrats de sponsoring de Rafa étaient initialement négociés par son père.

Par la suite, lorsque Rafa a commencé à gagner beaucoup de primes sur le Tour ATP, et encore plus avec ses sponsors, son père a suggéré que le jeune joueur paie un salaire à l'oncle Toni pour ses services en tant qu'entraîneur. Toni a immédiatement refusé l'idée en bloc, craignant que cela ne perturbe l'équilibre de leur relation. Cela ne lui posait pas

À GAUCHE : Rafa et Toni à Roland-Garros en 2010.

CI-CONTRE, EN HAUT : l'empire commercial de Rafa inclut la chaîne de restaurants Tatel.

CI-CONTRE, EN BAS : avec les footballeurs Cristiano Ronaldo et Raúl à Madrid en 2010.

de problème de recevoir de l'argent de son frère, mais il ne voulait absolument pas que son neveu le paie, car cela impliquerait que Rafa était son employeur. Pour Toni, c'était clair et ça devait le rester : sur le plan du tennis, le patron, c'était lui.

Rafa décrit son père comme un homme d'affaires qui travaille dur, résout les problèmes et mène les projets au bout. Et cette philosophie pragmatique se retrouve un peu dans le lien qu'entretient Rafa avec les matchs de tennis.

De nos jours, Sebastián dirige un empire florissant, avec des activités dans l'immobilier, la verrerie, les assurances et les restaurants. Mais ses investissements couvrent bien d'autres domaines et s'étendent bien au-delà de Majorque. Il est l'un des directeurs de Mabel Capital, une société d'investissement basée à Madrid et qui compte plus de 300 employés en Espagne, au Portugal, au Royaume-Uni et aux États-Unis. Rafa posséderait 33 % de l'entreprise, qui investit dans de nombreux domaines tels que la finance, l'immobilier, l'hôtellerie, le sport, les médias et la musique. Elle possède des propriétés résidentielles et commerciales à Madrid, Lisbonne, sur la Costa del Sol, ainsi qu'à Philadelphie et à Los Angeles. Son portefeuille inclut aussi une marque de suppléments alimentaires nommée « Earthbar », tout comme deux chaînes de restaurants : Zela, et Tatel, qui possède des établissements à Madrid, Ibiza, Miami et Beverly Hills, et pour laquelle il est associé à Cristiano Ronaldo, le footballeur portugais passé par le Real Madrid, et le chanteur espagnol Enrique Iglesias.

EST. 2014
TATEL
MADRID
EST. 2014
TATEL
IBIZA
EST. 2014
TATEL
BEVERLY HILLS

En 2010, Rafa est devenu actionnaire du club de football du Real Majorque. Son investissement a sauvé le club de la Liga espagnole, qui croulait alors sous les dettes. Son oncle Miguel Ángel, qui connaît parfaitement les turbulences du football professionnel, a même été nommé entraîneur adjoint pendant un certain temps.

L'autre investissement très important de Nadal est l'académie Rafa-Nadal (ou Rafa Nadal Academy by Movistar, de son nom officiel et sponsorisé). Dirigée par son oncle Toni, avec les anciens tennismen espagnols Carlos Moyà (directeur technique) et Carlos Costa (directeur commercial), cette grande franchise sportive a son siège à Manacor.

Elle possède des piscines, au moins 26 courts de tennis, des terrains de football et de squash, une école internationale, un musée, une clinique et un centre de remise en forme. Parfois, Nadal parvient à combiner ses intérêts commerciaux : lorsqu'il a pris livraison d'une voiture électrique Kia EV6 flambant neuve, la cérémonie s'est déroulée à l'académie Rafa-Nadal de Manacor. D'autres centres de tennis sont situés à Cancún (Mexique) et dans la ville balnéaire de Sani, dans le nord de la Grèce. Ils offrent des cours aux amateurs et aux futurs professionnels.

« Pour nous, l'éducation va de pair avec la formation : la dimension humaine est aussi importante que l'aspect sportif. Notre objectif est que chaque joueur intègre des valeurs comme le travail, l'humilité, la tolérance, la patience, le respect, la discipline et l'engagement», déclare Rafa pour expliquer sa philosophie d'entraînement.

Le dernier centre ouvert sous la marque de Rafa est l'académie Rafa-Nadal Koweït. Hébergé au sein du complexe de tennis du cheikh Jaber al-Abdullah al-Jaber al-Sabah, il s'agit de la première structure de ce genre au Moyen-Orient. Il dispose de 15 courts de tennis, de deux terrains de squash, d'une piscine, d'un gymnase de 1 500 mètres carrés et d'un ring de boxe. En plus de son club privé, il propose des cours de tennis pour le grand public, des entraînements personnels, des cours de fitness et de natation, ainsi que des programmes périscolaires.

Les Nadal travaillent aussi dans le domaine de la philanthropie, à travers la Fundación Rafa-Nadal. Créée par Rafa et sa mère en 2008, elle aide les enfants défavorisés à travers le sport et l'éducation, avec différents projets en cours en Espagne, en Inde et aux États-Unis. L'objectif de la fondation est d'aider les enfants à « exploiter tout leur potentiel, à favoriser leur autonomie et à développer des valeurs comme

CI-CONTRE : à l'inauguration de son centre de tennis mexicain à Cancún en 2019.

CI-DESSUS : le dernier centre de Rafa, au Koweït.

À DROITE : avec Roger Federer lors de l'inauguration de son Académie en 2016.

le dépassement de soi, le respect et l'effort ». La mère de Rafa en est la présidente, son père le vice-président, et sa femme la directrice. Le joueur est également altruiste chez lui, à Majorque.

Lorsque des pluies torrentielles et des inondations ont dévasté la ville de Sant Llorenç des Cardassar en octobre 2018, faisant 13 victimes et détruisant des centaines de maisons et entreprises, Rafa a passé des heures avec les bénévoles à nettoyer la zone. Il a ouvert des chambres à l'académie Rafa-Nadal pour ceux qui avaient besoin d'un refuge et a fait un don d'un million d'euros via sa fondation.

CI-DESSOUS :
à un match de charité au Cap, en Afrique du Sud, en 2020.

La plupart des entreprises de Rafa sont reconnaissables instantanément au logo personnel qu'il utilise comme un étendard : deux cornes de taureaux symétriques et des éclairs, symboles de son style de jeu tout en puissance.

Les logos personnels sont un phénomène récent chez les plus grands tennismen du monde. Celui de Federer est sans doute le plus reconnaissable : un monogramme subtil de ses deux initiales, aussi compréhensible que classe – à l'image du joueur suisse. Ça produit son petit effet lorsqu'il le porte sur sa veste en entrant sur le court avec le plein de confiance.

Le logo de Djokovic est plus alambiqué. Il s'agit d'un mélange de la lettre *alpha* (la première de l'alphabet grec), des lettrages en serbe médiéval, ainsi que d'un oiseau en plein vol – le tout combiné pour créer ses initiales.

Quant au logo d'Andy Murray, il marie ses initiales au nombre *77*, qui fait référence à la fois à sa société de gestion et au fait qu'il est devenu en 2013 le premier joueur britannique à remporter le tournoi de Wimbledon en simple en soixante-dix-sept ans.

De ces quatre logos, celui de Rafa est le seul à ne pas comporter ses initiales. Mais il transmet parfaitement le dynamisme et la puissance qu'il apporte au tennis.

La croissance rapide de l'empire commercial de Rafa, combinée à ses succès sportifs à l'échelle planétaire, a amené le joueur à admettre que sa famille avait une image un peu mafieuse, du moins pour le monde extérieur. « Il y a quelque chose de sicilien dans les liens étroits du cercle familial des Nadal, écrivait John Carlin dans le livre *Rafa*. Ils vivent sur une île méditerranéenne et plus qu'une famille, c'est un clan : comme les Corleone ou les Soprano – mais sans la malveillance et les armes. Ils communiquent

dans un dialecte que seuls les insulaires parlent, ils sont d'une loyauté sans faille les uns envers les autres, et ils gèrent toutes leurs affaires uniquement en famille. »

Sebastián a souvent dit avec fierté que chez les Nadal, la loyauté envers la famille est bien plus importante que l'argent. Peut-être. Mais c'est facile à dire quand l'argent coule à flots dans le clan.

Cette richesse va naturellement de pair avec un avis d'imposition salé. Contrairement à un grand nombre de tennismen, Rafa n'a jamais été attiré par les paradis fiscaux – au point de faire figure d'anomalie. Au moment de l'écriture de cet ouvrage, la majorité du Top 25 du classement ATP avait élu domicile dans des pays sans impôts sur le revenu – ou très faibles. Les joueurs suivants se sont installés à Monaco, où cet impôt n'existe pas : Novak Djokovic, Daniil Medvedev, Stéfanos Tsitsipás, Alexander Zverev, Matteo Berrettini, Hubert Hurkacz, Félix Auger-Aliassime, Jannik Sinner et Grigor Dimitrov. Denis Shapovalov a choisi les Bahamas,

CI-DESSUS : sponsor de Rafa, Kia lui offre régulièrement une nouvelle voiture.

Gaël Monfils habite en Suisse et Dan Evans à Dubaï : ils échappent tous aux régimes fiscaux plus sévères de leur pays de naissance.

En Espagne, la tranche la plus élevée des impôts des particuliers est actuellement de 47 %, ce que Rafa paie sans sourciller, même si c'est un peu à contrecœur. « Je suis espagnol et ravi de l'être, a-t-il déclaré récemment dans une interview pour un quotidien italien. Bien sûr, quand l'avis d'imposition arrive, je suis un peu moins heureux. Mais j'ai eu la chance de naître dans un pays qui a de nombreuses vertus et qui m'a donné une belle vie. »

En 2017, il s'est davantage confié sur son statut fiscal. « En matière de gestion des biens, je bénéficierais sans doute d'un statut plus avantageux dans d'autres pays, mais c'est en Espagne que je suis heureux, avec ma famille et mes amis. Dans un autre pays, j'aurais le double d'argent, mais je serais deux fois moins heureux. Le bonheur, ça ne s'achète pas. »

Rafa sait qu'il serait triste s'il vivait ailleurs, loin de la Majorque qu'il adore, de sa famille loyale et de ses amis de longue date. En rejoignant un paradis fiscal, il économiserait des millions en impôts, mais sa joie de vivre en pâtirait, et son tennis aussi par conséquent. *In fine*, ce serait une fausse économie.

> Federer contre Nadal, c'est le droitier contre le gaucher. La technique classique face à l'ultramoderne. La légèreté féline contre la puissance taurine. La retenue et la minutie silencieuse de l'Europe centrale, face au *bravado* et à la passion ibériques. La force digne contre une brutalité incorrigible et sans filtre. Zeus contre Hercule. Le génie implacable face à la volonté sans faille. Le polissage contre le cran. La métrosexualité face à l'hypermasculinité. Un citoyen du monde polyglotte contre un provincial bourru. Jet privé contre vol commercial. Mercedes contre Kia.

Extrait de *Strokes of Genius*, de L. Jon Wertheim

LE MATCH

WIMBLEDON

6 juillet 2008
All England Club, Londres (Royaume-Uni)
Finale : Rafa Nadal vs Roger Federer
Victoire de Rafa Nadal contre Roger Federer 6-4, 6-4, 6-7, 6-7, 9-7

La blessure de sa défaite contre Roger Federer en finale de Wimbledon l'année précédente était encore fraîche, quand Rafa est retourné à Londres à l'été 2008 : il était donc bien déterminé à obtenir sa revanche.

S'il avait déjà battu Federer trois fois cette année-là, à chaque reprise ce fut sur terre battue. Et comme toujours, le style de jeu pratiqué par le Suisse lui donnait un avantage sur gazon. Mais à l'approche de leur affrontement, personne ne parvenait à prédire le vainqueur de ce combat psychologique. Dans un match de tennis de ce niveau, c'est souvent la force mentale qui fait la différence.

Pour Rafa, les dernières heures de préparation pour ce sommet fatidique ne se sont pas déroulées comme d'habitude. En ce dimanche matin, un crachin l'accompagnait lorsqu'il arriva à l'All England Club à 10 h 30 pour s'échauffer sur les courts d'entraînement avec son agent Carlos Costa, mais la séance a été interrompue par la pluie. Après un repas simple (pâtes nature avec un filet d'huile d'olive, accompagnées de poisson), il a rejoint les vestiaires pour prendre sa traditionnelle douche glacée – un rituel qui lui donne de l'énergie, selon lui. Il avait besoin d'une injection d'analgésique pour soulager la blessure au pied dont il souffrait. Assis devant son casier n° 101, il a préparé le grip de ses raquettes, avant de demander à son kiné de lui mettre un strapping sur ses genoux, qui le lançaient. Federer était lui aussi présent dans les vestiaires, à quelques mètres de là, devant le casier n° 66.

La pluie a retardé le début de la finale, mais lorsque les deux joueurs ont débouché du long couloir pour rejoindre le *Centre Court*, ils ont été accueillis avec enthousiasme par un public aussi nombreux que fervent.

Le style et le comportement de Rafa et de Federer n'auraient pas pu être plus différents. Tous deux sponsorisés par Nike, leur tenue formait un contraste saisissant. Le joueur helvétique avait l'allure d'un gentleman, comme d'habitude, avec un cardigan en laine frappé de son célèbre blason RF sur le cœur ; en dessous, il portait un polo tout aussi classique. De son côté, l'Espagnol s'affichait avec un survêtement à fermeture éclair, au-dessus d'un maillot serré sans manches et d'un short à longueur de genoux. La seule chose qu'ils avaient en commun, c'était leur bandeau de tête, large et blanc. Si les cheveux de Federer retombaient nonchalamment sur son bandeau, les longues boucles de Rafa étaient coiffées en arrière, bien en place.

Federer remportait le *toss* et choisissait de servir en premier. À 14 h 35, avec trente-cinq minutes de retard sur l'horaire prévu, le champion en titre jetait en l'air la première balle Slazenger jaune et la frappait fort.
Elle touchait le haut du filet : let. Rejouant son premier service, Federer réalisait un coup plein de confiance que Rafa parvenait tout juste à retourner. La suite était très inhabituelle pour un premier point d'une finale de Grand Chelem, car elle durait 14 échanges, avant que Rafa ne gagne le point d'un coup droit dans l'angle du terrain, hors de portée de Federer. Il s'agissait seulement du premier des 412 points à venir, mais il posait les bases d'un match épique. De nombreux experts du tennis considèrent

CI-DESSOUS : bien que tous deux sponsorisés par Nike, les joueurs ont un style qui ne pourrait pas être plus différent.

en effet qu'il s'agit non seulement de la plus grande finale de Wimbledon, dans les cent quarante-quatre années d'existence du tournoi, mais aussi du plus grand match de tennis de tous les temps.

Comme tous les matchs d'anthologie, il a réservé son lot de rebondissements et joué avec les nerfs des spectateurs – et des deux adversaires – en entretenant une glorieuse incertitude sur son issue.

Plus tard, Rafa a révélé qu'il avait abordé cette rencontre avec une stratégie très simple : imposer une pression continue sur le revers de Federer, avec pour objectif de « le fatiguer, casser son rythme, le frustrer et le conduire au bord du désespoir ».

Cette approche a parfaitement fonctionné, du moins lors des deux premiers sets. Il a remporté le premier 6-4 en 48 minutes et le deuxième sur le même score, même s'il a été mené 4-1 à un moment donné. Le plan de jeu du Majorquin incluait une routine de service particulièrement longue. L'analyse du match révèle qu'il a pris en moyenne 30 secondes pour servir, avec tous ses tics et manies. Insupportable pour Federer, d'autant qu'au deuxième set, il a encore plus pris son temps. Jusqu'à se faire sanctionner par l'arbitre Pascal Maria, qui avait visiblement perdu patience.

Pour revenir dans la partie, Federer a changé de rythme à son tour. Un premier tournant intervenait dans le troisième jeu du troisième set, lorsque Rafa a chuté en glissant lors d'un changement de direction. Son kiné Michael Novotny est heureusement parvenu à soigner son genou droit et le jeu a repris.

Finalement, c'est la pluie qui a fini par casser le rythme infernal de Rafa. Les nuages noirs s'amoncelaient et la pluie a fait son apparition alors que Federer menait 5-4, provoquant une interruption. Dans un documentaire réalisé dix ans plus tard, Federer a reconnu que cette pause forcée avait changé le rapport de force, en lui permettant d'évacuer une certaine léthargie qu'il avait laissée s'installer. « Ça m'a pris deux sets pour m'en débarrasser et je pense que cette interruption à cause de la pluie m'a sans doute réveillé. Je me suis dit : "Si tu dois perdre ce match, autant le faire en donnant tout". »

Lorsque le jeu a repris plus d'une heure plus tard, c'est Federer qui avait repris la main et les joueurs disputaient un tie-break. Enchaînant les services puissants et les coups droits redoutables, le maître suisse l'a remporté sur un ace pour s'adjuger son premier set 7-5.

Le scénario du suivant était similaire, mais avec un tie-break encore plus enthousiasmant. Federer a sauvé deux balles de match avant de revenir à deux sets partout. De nombreux observateurs ont comparé ce tie-break du quatrième set au plus grand tie-break de tous les temps : celui de 1980 entre Björn Borg et John McEnroe à Wimbledon.

À 19 h 53, à 2-2 dans le cinquième set, la pluie faisait une nouvelle apparition impolie et interrompait une nouvelle fois le match. Tout le monde craignait que le dénouement ne doive attendre le lendemain mais, une demi-heure plus tard, alors que le crépuscule approchait, le jeu a repris.

La fin de la rencontre a marqué l'histoire du sport. Si la première interruption avait aidé Federer, la seconde a remis Rafa sur les rails du succès. À 7-7, il a pris le service du Suisse. La moitié du public criait : « Roger ! Roger ! » à tue-tête, tandis que l'autre moitié hurlait « Rafa ! Rafa ! » Dans un ultime sursaut d'énergie, le jeune Majorquin remportait le titre sur sa quatrième balle de match de la rencontre, en s'imposant 9-7.

La balle était encore dans la bande du filet, où Federer l'avait malencontreusement envoyée, que Rafa s'effondrait sur le gazon, sur le dos avec les bras en croix, comme il le fait toujours. Il avait finalement battu son ennemi juré à Wimbledon. Après quatre heures et quarante-huit minutes, alors un record pour une finale de Wimbledon en simple, les deux joueurs étaient épuisés physiquement et mentalement. Tout comme la plupart des spectateurs, dont les cris frisaient toutefois l'hystérie. Il était 21 h 16 et personne ne s'attendait à être sur le *Centre Court* si tard ce soir-là.

Exténué, Nadal est lentement monté en tribune, jusqu'au carré où l'attendaient sa famille et ses amis. Il y avait ses parents, ses oncles et tantes, ses amis, le golfeur professionnel Gonzalo Fernández-Castaño, ainsi que le président du Real Madrid. Après les avoir enlacés, il s'est saisi d'un drapeau espagnol et a escaladé le toit plat de la tribune de presse pour rejoindre la loge royale, où l'ont félicité le prince Felipe et la princesse Letizia.

Après la cérémonie de remise du trophée, organisée dans la semi-pénombre du jour déclinant, mais sous les flashs de milliers d'appareils photo et de smartphones, Rafa a tenté d'exprimer ses émotions en conférence de presse. « C'est impossible à décrire ! Je ne sais pas… Je suis très content. Pour moi, c'est incroyable de remporter un titre ici, à Wimbledon. C'est comme dans un rêve ! Quand j'étais petit, je rêvais de jouer ici. Mais gagner ce tournoi, c'est incroyable ! »

L'Espagnol victorieux est ensuite rapidement rentré dans la maison qu'il louait à Newstead Way, à une centaine de mètres de l'All England Club, afin de se changer pour le dîner, avant d'aller enflammer la piste de danse au Bal des champions dans le centre-ville. Il a fêté ce titre jusqu'à 4 heures du matin, avant de s'endormir du sommeil des champions de Wimbledon.

7.34
ROLEX
3.37
PREVIOUS SETS
SETS GAMES POINTS
4477
R. FEDERER
• 2
5 8
v
6666
R. NADAL
2
CHALLENGES REMAINING
R. FEDERER 3
R. NADAL 3

Rafael possède une chose que Roger n'a pas : des *cojones*. Je pense même que Rafael n'en a pas que deux : à mon avis, il en a trois.

Mats Wilander

7

LE TAUREAU DE MANACOR

BNP

À GAUCHE : une belle démonstration de son célèbre coup droit lasso à Roland-Garros en 2021.

Des meilleurs joueurs en activité sur le circuit ATP, Rafa est celui qui possède l'un des styles de jeu les plus distinctifs, agressifs et intimidants sur le plan physique. Dans ce chapitre, nous en décrivons chacun des éléments, en analysant ce qui les rend aussi efficaces.

Coup droit

La prise que Rafa utilise sur son coup droit est appelée « prise semi-western » ou « prise très fermée » : la raquette est inclinée vers le sol lorsqu'il frappe la balle. La tête de la raquette débute face à son corps, puis passe côté gauche de son visage avant d'aller chercher loin derrière, en direction du sol. Afin d'appliquer un lift aussi puissant, il utilise tout son corps comme un fouet géant, en déroulant chaque segment (jambe, fessiers, abdomen, épaule, bras, poignet) en succession pour augmenter le nombre de rotations par minute (RPM) de la balle. Ensuite, la tête de la raquette avance dans une ellipse diagonale vers l'avant de son corps, puis frappe la balle (son torse est complètement ouvert à ce stade), et s'enroule autour de son corps pour remonter jusqu'à son épaule gauche.

Son célèbre coup droit, qui inflige un lift dévastateur, s'appelle un « coup droit lasso ». Mais Rafa et ses entraîneurs le surnomment « le Nadalada ». Pour ce coup, la préparation est similaire à celle décrite ci-dessus, mais la trajectoire de la raquette pendant et après l'impact est bien plus élevée. En fait, lorsqu'elle frappe la balle, la raquette se balance vers le haut, par-dessus la tête de Rafa, dont elle fait le tour en frôlant son crâne, et termine avec la tête de la raquette pointant directement derrière lui. C'est un geste monumental à regarder – on dirait un cow-boy faisant tourner un lasso – et qui fait tourner sa coiffe des rotateurs et son coude bien au-delà de ce qui semble possible physiquement.

Le nombre précis de rotations par minute qu'il impulse à la balle de tennis varie énormément à chaque frappe. Certains ont estimé qu'elle tournait à plus de 3 000 RPM, d'autres encore plus vite. Cela dépend de facteurs comme les conditions météo, la surface du court (il frappe ses coups droits plus à plat lorsqu'il n'est pas sur terre battue, par exemple), la profondeur qu'il veut donner à sa balle ou le temps qu'il a pour préparer ce coup.

Un entraîneur de tennis a analysé ce coup droit en profondeur. Basé à San Francisco, John Yandell a utilisé une caméra à haute vitesse pour compter le nombre moyen de rotations d'une balle fouettée par le coup droit lasso de Rafa. « Nous avons mesuré l'un des coups droits de Nadal à 4 900 RPM, a-t-il déclaré dans une interview pour le *New York Times*. Sa moyenne était de 3 200 RPM. C'est incroyable quand on y pense, et même

un peu effrayant. Il faut environ une seconde à la balle pour traverser le terrain. Donc sur un coup droit de Nadal, elle aura tourné 80 fois sur elle-même dans la seconde qu'elle met pour atteindre la raquette de son adversaire. »

Rafa parvient à transformer son coup droit en véritable arme de destruction avec une efficacité sidérante, d'autant plus sur terre battue. Grâce à l'effet incroyable qu'il met, il peut frapper la balle encore plus fort pour qu'elle se déplace plus vite, tout en flottant pour s'écraser avant la ligne de fond de court. Ensuite, lorsque la balle touche le sol, elle rebondit haut, au-dessus de la tête du joueur adverse, qui a donc très peu de temps pour préparer et exécuter son retour.

Voici comment Rafa le décrit : « J'essaie de mettre la balle en profondeur et elle fait un rebond très haut. Ça oblige mon adversaire à avancer dans le court, ce qui comporte un risque. Sinon, il doit la frapper trois mètres derrière la ligne de fond. Donc il est forcé d'appliquer un jeu soit défensif, soit offensif risqué. »

CI-CONTRE ET CI-DESSOUS : dans des cas extrêmes, le coup droit de Rafa peut impulser à une balle de tennis jusqu'à 4 900 rotations par minute.

L'un des « sparring-partners » de Rafa a expliqué que retourner ce coup droit, c'était « comme se fracturer le bras ». Dans un entretien au *New York Times*, l'entraîneur américain Robert Lansdorp a analysé l'efficacité du coup droit lasso de Rafa : « Il parvient à le faire de n'importe où, quasiment sur n'importe quelle balle, et à le transformer en coup gagnant. Il peut frapper en diagonale, le long de la ligne, où il veut. Et il fait sans doute ce geste depuis qu'il a 10 ans. Dieu merci, personne n'a corrigé son mouvement en lui disant : "Mais ce n'est pas comme ça qu'on joue un coup droit !" »

CI-DESSUS : démonstration de l'accompagnement du revers de Rafa à Roland-Garros en 2021.

Revers

En règle générale, Rafa privilégie le revers lifté. Il le réalise à deux mains : la droite pour guider la frappe et la gauche pour lui donner de la puissance. Au début du geste, la raquette est devant son corps, puis il l'arme derrière son dos, quasiment à l'horizontale du sol, avant de la ramener vers l'avant à grande vitesse pour frapper la balle devant son corps, en canalisant l'énergie depuis ses jambes. L'accompagnement, toujours réalisé à deux mains, s'enroule pour se conclure derrière son corps, quasiment au niveau de l'épaule droite.

Le revers lifté est également très efficace. Joué uniquement avec la main gauche, il l'utilise pour changer le rythme d'un échange, pour jouer un coup d'approche permettant d'attaquer le filet, ou pour réaliser un amorti implacable.

Service

Lorsqu'il était jeune, le point faible de Rafa était son service, souvent plus lent que celui de ses adversaires. Il était le premier à le reconnaître. Ce n'est pas surprenant, si on prend en compte son ambidextrie. Mais au fil de sa carrière, il en a fait une arme, en multipliant les aces et les points gagnants au service. Sa première balle (souvent liftée, surtout depuis le côté gauche, mais parfois plus à plat) dépasse désormais régulièrement les 190 km/h.
Au cours de l'ensemble de sa carrière sur le Tour ATP, il a réalisé 3 850 aces : environ 2 270 sur dur, 980 sur terre battue et quasiment 600 sur gazon.

Sa deuxième balle est plus lente et joue la sécurité, qu'il y applique du lift ou du slice. Une étude menée par l'ATP en 2019 l'a mesurée à une moyenne de 154,5 km/h, soit légèrement plus rapide que celle de Djokovic et de Federer. Fait intéressant, la même étude soulignait que son pourcentage de gain de point sur sa deuxième balle était le plus élevé des joueurs du Top 10 mondial cette année-là – là aussi, devant Djokovic et Federer.

En tant que gaucher, le service de Rafa est particulièrement efficace contre des droitiers du côté avantage (le côté droit du court en regardant le filet) car il la joue sortante, bien au-delà des couloirs, forçant son adversaire à beaucoup s'excentrer. S'il y impose en plus du lift, ce qui fait rebondir la balle haut, elle est encore plus difficile à retourner pour un droitier. Ça fait des années que Federer a des difficultés avec cet aspect du service de Rafa.

Lorsqu'il se prépare à servir, Rafa utilise une posture appelée « relais d'appui » : il rapproche son pied arrière de son pied avant, au moment où il arme sa raquette derrière son dos.

Ancien finaliste de Roland-Garros, Àlex Corretja a récemment analysé le service de Nadal et expliqué qu'il servait différemment qu'au début de sa carrière. Le point le plus remarquable est que Rafa ne fléchit plus autant les genoux avant de frapper la balle : il adopte une posture plus droite. Cela lui permet de revenir plus vite en position d'attente, pour préparer la frappe suivante. Par ailleurs, il élève sa raquette plus haut et ouvre son poignet au moment de la frappe, ce qui donne plus de vitesse à son service.

Membre de l'ATP Tour, Craig O'Shannessy a analysé le service de Rafa plus en détail. Il a déterminé que depuis la saison 2019, au début de ses jeux de service, la plupart de ses premières balles sont slicées sur le T (62 %), tandis que 25 % sont jouées vers l'extérieur et seulement 13 % sur l'adversaire. « L'idée est de bien commencer le jeu, avec ce qu'il maîtrise le mieux, pour atteindre 15-0 aussi souvent que possible », décrit O'Shannessy.

À 15-15, les chiffres sont similaires : 51 % de premières balles sur le T, 36 % vers l'extérieur et 13 % sur l'adversaire. Mais s'il se retrouve à 30-0, Rafa se donne un peu d'air et se permet d'être plus créatif, en jouant 2 % de ses services sur l'extérieur, contre 42 % sur le T et seulement 6 % sur l'adversaire. En revanche, à 0-30, il prend plus de précautions : 49 % de balles jouées sur l'extérieur, 37 % sur le T et 15 % sur l'adversaire.

Aspects physique et mental

Dans le fond, la stratégie de Rafa pour gagner consiste à épuiser son adversaire en attendant le bon moment pour achever le point. « Mon jeu, c'est de jouer les échanges, a-t-il expliqué. Je ne veux pas jouer en service-volée, gagner sur un ace ou sur le deuxième coup. Tout le monde le sait. Mon jeu consiste à jouer avec intensité, en imprimant beaucoup de rythme et en essayant d'allonger la durée de l'échange sans commettre de faute. »

Pour que ce tennis d'usure fonctionne, il faut un jeu de jambes parfait et une bonne tactique d'utilisation du court : deux domaines qu'il a élevés au rang d'art et qui subjuguent les spectateurs.

Mais l'aspect physique ne sert à rien si le mental ne suit pas. Djokovic a complimenté la combinaison de ces deux domaines chez son adversaire : « Rafael est le joueur le plus puissant du circuit

À GAUCHE : son excellente couverture du court à Roland-Garros en 2019.

À DROITE : ses réactions rapides à Roland-Garros en 2017.

Certains ne comprennent pas mon jeu. Ils pensent qu'il fonctionne mieux sur les surfaces lentes car j'ai une bonne défense. Mais plus le terrain est rapide, mieux c'est pour moi. Mes effets font plus de mal à mes adversaires et mon style de jeu agressif marche mieux.

Rafa Nadal

et mentalement, il a cette capacité incroyable de rester concentré du premier au dernier point du match, qu'il dispute la finale de Wimbledon ou le premier tour d'un tournoi mineur. »

Ancien capitaine de l'équipe de France à la Coupe Davis, Guy Forget l'explique encore mieux. « Nadal, c'est la force brute, un mental à toute épreuve. Qu'il ait des ampoules aux pieds, aux mains, ou qu'il soit à cinq mètres de la ligne de fond de court, il arrivera toujours à vous sortir un passing incroyable. C'est l'une des raisons qui font que Nadal est hors norme. »

Les grognements

Rafa n'est évidemment pas le premier joueur à grogner fort lorsqu'il frappe la balle, et il ne sera pas le dernier. De Jimmy Connors dans les années 1970 jusqu'à Monica Seles dans les années 1990, et plus récemment les sœurs Williams, Maria Sharapova, Victoria Azarenka (surnommée « Vika la Crieuse »), mais aussi Andy Murray et Novak Djokovic, de nombreux joueurs ont animé les courts de tennis de leurs cris, grognements et hurlements. Dans ce domaine, Rafa est même plus discret que d'autres.

Mais il n'a aucune raison de changer cette habitude. Les experts suggèrent en effet que le grognement au moment de la frappe lui ajoute un petit pourcentage de puissance. Le célèbre entraîneur américain Nick Bollettieri estimait que cela permettait aux joueurs de « relâcher une tension psychologique et physiologique ». Autre avantage : lorsqu'un joueur frappe une balle, le son qu'elle produit donne une indication à l'adversaire sur sa puissance et sa longueur. Les grognements masquent ce son et désavantagent donc un peu le joueur adverse.

La raquette de Rafa

Rafa utilise des raquettes de tennis Babolat depuis ses 8 ans. Au fil des années, il a essayé des modèles qui ont évolué. Plus jeune, il préférait le modèle Soft Drive, plus léger, avant

CI-DESSUS : comme tous les joueurs pros, Rafa personnalise sa raquette, en exigeant des matières de cordage, des jauges, des section et tension spécifiques, l'ajout de poids pour modifier l'équilibre et la vitesse des frappes, ainsi que la modification du manche et du grip.

CI-CONTRE : la raquette de Rafa en train d'être recordée.

d'opter pour le Pure Drive. Puis en 2004, il a commencé à utiliser le nouveau modèle Aero. « Il a été conçu spécifiquement pour le spin, clame l'entreprise. Le cadre aérodynamique permet à la tête de raquette de se déplacer plus rapidement, augmentant le nombre de rotations par minute de la balle : c'est la raquette parfaite pour le jeu tout en topspin grâce auquel Nadal allait conquérir le monde du tennis. »

Les cordes de la raquette jouent également un rôle central dans le jeu lifté de Rafa. Même s'il a flirté au cours de sa carrière avec le cordage Luxilon Big Banger, fin 2009 il a commencé à utiliser une corde octogonale (au lieu d'une section cylindrique plus traditionnelle) baptisée « Babolat RPM Blast ». « Son gainage en silicone accroche mieux la balle et offre une meilleure prise d'effets, explique le fabricant. Lorsque Rafa a accepté de tester le RPM Blast, nous avons tous retenu notre souffle. Au bout de quinze minutes, il a livré son verdict : "Pas mal." Quelques jours plus tard, son entraîneur Toni Nadal a laissé un message à notre service Compétition : "Le cordage est effectivement très bon. Il nous en faut plus !" »

En 2011, il a commencé à se positionner plus haut sur le terrain lors des échanges en fond de court – plus près de la ligne de fond qu'avant. Il a alors demandé à Babolat d'ajouter du poids au sommet de la tête de la raquette afin d'y créer plus de vitesse lors des frappes. « L'équipe de personnalisation de Babolat a travaillé à l'ajout d'une lamelle de ruban au sommet de son cadre pour augmenter la puissance de l'effet marteau, explique Babolat. Cela a ajouté trois grammes au poids, ce qui représente une augmentation relativement importante. » En 2016, deux grammes supplémentaires de ruban ont été ajoutés au sommet du cadre.

La dernière version en date de l'Aero de Rafa est baptisée « Babolat Pure Aero RAFA ». Elle est décrite par Guillaume Cambon, l'un des ingénieurs qui a travaillé sur le cadre pour Babolat : « En dehors de ces lamelles de bande ajoutées sur le sommet du cadre, sa raquette n'exige pratiquement aucune personnalisation spécifique. » Directeur de la compétition chez Babolat, Jean-Christophe Verborg déclare livrer à son client un lot de six à huit raquettes neuves, quatre fois par an.

Il convient de préciser que quasiment aucun joueur professionnel d'élite n'utilise de modèle de raquette vendu dans le commerce. Presque tous personnalisent leurs raquettes, d'une manière ou d'une autre. Il serait inconcevable qu'ils les commandent sur Internet ou au magasin du coin et qu'ils les utilisent directement sur le court. Comme pour les voitures de course, chaque aspect doit être affiné jusqu'à atteindre la perfection. Il est de notoriété publique que certains joueurs utilisent une marque de raquette différente que celle qui est sur le logo de leur sponsor officiel (mais rien ne suggère que ce soit le cas de Rafa).

Les cordes sont le premier domaine à recevoir une attention particulière. Dans quasiment tous les pays du monde (sauf au Royaume-Uni, pour une raison inconnue), les raquettes sont vendues non cordées, afin que les joueurs puissent choisir le cordage de leur choix. Chez les meilleurs pros, il s'agit d'une affaire complexe nécessitant l'intervention d'un cordeur spécialisé qui utilise des plans de cordage possédant des caractéristiques spécifiques concernant leur matière, leur jauge, leur section et leur tension.

La plupart des joueurs utilisent aussi des bandes de plomb pour modifier le poids, l'équilibre et la vitesse de la tête de leurs raquettes, en les fixant sur le cadre, comme Rafa. Certains vont même jusqu'à ouvrir l'embout de manche à la base de la raquette pour y insérer des poids, sous la forme de plomb, de silicone ou d'époxy.

Le manche en lui-même est souvent différent de ceux disponibles dans le commerce. Certains pros y accordent un soin tel qu'ils demandent à leurs cordeurs de changer, par exemple, le biseautage du manche, voire sa longueur dans certains cas.

Quelle est l'arme de prédilection de Rafa pour partir au combat ? La réponse varie selon les interlocuteurs. Babolat martèle qu'il utilise la Babolat Pure Aero RAFA. Mais la plupart des

À DROITE :
malgré la grande taille de ses mains, Rafa préfère utiliser un manche relativement court pour lui permettre de générer plus de lifts.

experts estiment qu'il joue en fait avec un modèle plus lourd et bien moins indulgent nommé « Babolat AeroPro Drive Original ».

Jonathan Hudson est éditeur du magazine de tennis en ligne Perfect-tennis.com. Selon son analyse, le modèle actuel de Rafa mesure 68,5 cm avec un profil de 640 cm^2, un poids cordé de 343 grammes (plus léger que celui de Federer ou de Djokovic), un plan de cordage 16x19, un manche de 10,8 cm (une taille également appelée « L2 ») recouvert d'un grip Babolat Syntec Pro Black et d'un surgrip Babolat VS Original blanc.

Rafa privilégie un manche de taille relativement modeste, alors qu'il n'a pas de petites mains. Mais il explique lui-même que cela lui permettrait de générer plus d'effet. « J'aime avoir un petit manche car ça me permet de mieux contrôler ce que je fais avec ma main, a-t-il confié lors d'une interview au magazine *GQ*. Je peux produire plus de lifts que lorsque j'utilise un manche plus long. »

Hudson déclare que le cordage Babolat RPM Blast que Rafa utilise actuellement possède une jauge de 1,35 mm (15L) qui est généralement cordée à une tension de 25 kg. « Début 2016, Nadal a brièvement adopté un cordage Luxilon Big Banger Original 130 afin d'obtenir plus de puissance, ajoute l'éditeur. Les cordes lui offraient effectivement plus de puissance, mais Nadal avait la sensation d'avoir moins de contrôle, car les cordes se déplaçaient plus (et s'écartaient davantage) : il n'a pas fallu longtemps pour qu'il revienne à un plan de cordes Babolat RPM Blast. »

Il est intéressant de noter que Rafa ne passe jamais sa frustration sur sa raquette. « C'est parce que, quand j'étais jeune, on m'a appris que ça ne se faisait pas, explique-t-il. C'est moi qui commets les erreurs, pas la raquette. »

Jaume Pujol-Galceran et Manel Serras, les auteurs espagnols du livre *Rafaël Nadal, maître sur terre*, ont analysé l'autodiscipline de Rafa : « Nadal n'a jamais écrasé sa raquette au sol de colère. Il ne prononce jamais de parole malheureuse et ne fait jamais un geste déplacé en direction de son adversaire. Il montre toujours du respect sur le court. Alors oui, il saute, gesticule, brandit le poing sans compter, mais ce n'est jamais pour chambrer son adversaire : seulement pour communier avec sa famille et ses amis. Toni lui a appris à féliciter avec courtoisie le joueur adverse à la fin de chaque match, quel que soit le résultat. Et c'est une politesse qu'il n'a jamais perdue, même en jouant sur le circuit pro. »

L'entourage de Rafa

Pendant vingt-sept ans, Rafa et son oncle Toni ont formé l'un des duos les plus célèbres du tennis. Ils étaient inséparables, sur les courts comme en dehors : que seraient-ils l'un sans l'autre ?

Mais avec le temps, leur relation est devenue un mélange d'amour et de haine. Rafa a toujours exprimé le plus grand respect pour son oncle, à la limite de l'adoration. Lorsqu'il était jeune, il était persuadé que Toni possédait des pouvoirs surhumains. Toni racontait au jeune Rafa qu'il avait remporté le Tour de France, qu'il avait joué avant-centre pour l'AC Milan et qu'il avait la capacité de commander la pluie à volonté. Rafa avait surnommé son oncle « Mago », « le Magicien ».

CI-DESSOUS À GAUCHE : Rafa et son oncle Toni ont travaillé ensemble pendant vingt-sept ans, formant un duo inséparable.

CI-DESSOUS À DROITE : Toni avec le trophée de Rafa à Roland-Garros en 2017.

Pourtant, Rafa le décrivait souvent comme «grincheux» ou «querelleur». Certaines des tactiques de coaching de Toni flirtaient avec la cruauté. Par exemple, l'oncle et le neveu jouaient des matchs au premier à atteindre 20 points. Toni laissait Rafa monter jusqu'à 19, avant de jouer plus sérieusement pour le dominer et s'imposer 20-19.

Plus jeune, Toni avait joué au niveau national (mais pas international) et il avait des idées très arrêtées sur la manière d'éduquer les enfants : avec eux, il ne cédait jamais sur rien.

Toni a arrêté d'entraîner Rafa en 2017 et l'histoire de leur séparation est tout aussi non conventionnelle. Le journaliste italien Lorenzo Cazzaniga était avec Toni lorsque l'entraîneur a annoncé sa décision sortie de nulle part d'arrêter de travailler avec son neveu.

«J'étais à Budapest en février 2017 pour interviewer un tennisman sud-coréen, se rappelle Cazzaniga. Il se trouvait que Toni Nadal était lui aussi présent à Budapest pour une conférence d'entraîneurs de tennis, alors j'ai saisi l'occasion pour faire un entretien avec lui.»

Au cours de la conversation, Toni glisse l'annonce qui fait l'effet d'une bombe : il explique à Cazzaniga que, l'année suivante, il arrêterait d'entraîner Rafa et qu'il prendrait un poste à l'académie de tennis Nadal.

«Je l'ai coupé : "Attendez! Vous avez conscience que j'enregistre cette conversation?" se souvient Cazzaniga. Toni a répondu : "Oui, je le sais", comme si sa séparation avec son neveu après vingt-sept ans années était la chose la plus ordinaire du monde. Je lui ai demandé à trois reprises s'il voulait que tout le monde le sache, et il me l'a confirmé.»

Cazzaniga a naturellement supposé que Rafa était déjà au courant de la décision de Toni ; il a donc immédiatement publié l'article sur son site Internet, TennisItaliano.it. Voici la déclaration de Toni reprise dans cette interview.

«Avec Rafa, on ne s'est jamais disputés. Mais jusqu'à ses 17 ans, c'est moi qui décidais de tout. Ensuite, son agent Carlos Costa l'a rejoint, son père a commencé à le suivre de plus près, et chacun avait sa propre opinion. En vérité, à chaque année qui passe, je décide de moins en moins de choses. Et il arrivera un moment où je ne déciderai plus rien.»

Le lendemain, les médias du monde entier se sont emparés de l'histoire. Elle a été reprise par le *New York Times*, *El País*, *L'Équipe* et d'autres quotidiens et sites Internet majeurs dans le monde entier. Mais il se trouve que Rafa n'avait aucune idée que son oncle prévoyait de partir. Cazzaniga a soudain reçu un appel du directeur de la communication de Rafa exigeant d'écouter l'enregistrement original de l'interview de Toni. Cazzaniga supposait que Rafa et Toni s'étaient déjà mis d'accord sur leur séparation et il n'avait pas l'intention de semer la zizanie, comme il l'a expliqué.

À ce jour, Cazzaniga ne comprend toujours pas pourquoi Toni a décidé de lui confier cette information avant d'en avoir parlé à son neveu. «Il s'est peut-être dit que Rafa voulait changer d'entraîneur, mais qu'il ne se sentait pas de virer son oncle. Après tout, il était avec lui depuis ses 4 ans. Toni a donc peut-être choisi de protéger son neveu en lui évitant d'avoir à prendre la décision lui-même. Je pense en substance qu'il s'est séparé de Rafa pour lui éviter d'avoir à le faire. »

À la suite du départ de Toni, c'est aujourd'hui Carlos Moyà qui occupe le poste d'entraîneur principal de Rafa. Il est majorquin comme lui ; ils s'entraînent ensemble depuis que Rafa est passé pro et il a connu une belle carrière dans les années 1990 et 2000. Il a notamment remporté Roland-Garros en 1998, avant de devenir n° 1 mondial l'année suivante, remportant vingt titres ATP au total, dont trois Masters.

L'entraîneur adjoint de Rafa est Francisco Roig ; il a fait partie du staff de Toni pendant de nombreuses années. Au cours de sa carrière de joueur, dans les années 1980 et 1990, il a été n° 23 mondial en double et n° 60 en simple.

Pendant longtemps, sous la direction de Toni, Carlos Costa a été l'agent de Rafa, en lien avec la toute-puissante agence IMG, qui est spécialisée dans le sport et le divertissement. Aujourd'hui, Costa représente toujours Rafa, mais en tant qu'agent indépendant, ce qui fait sans doute économiser des fortunes en frais d'agence à la famille Nadal.

Deux autres membres centraux du staff mis en place par Toni sont toujours présents au côté de Rafa : son médecin Ángel Ruiz Cotorro (qui le suit depuis ses 14 ans) et son directeur de la communication Benito Pérez Barbadillo (« irrévérencieux, vif d'esprit et faisant toujours des blagues »). Il compte aussi un préparateur physique, Joan Forcades, même si Rafa fait de moins en moins appel à ses services, alors qu'approche la fin de sa carrière.

L'équipe compte un autre membre, peut-être plus important que tous les autres combinés : le physiothérapeute Rafael Maymó, surnommé « Titín ». Son travail ne se limite pas à la forme physique de Rafa : c'est un personnage incontournable de sa vie, à la fois son kiné, son psy, son confident, son bras droit et l'épaule sur laquelle il va pleurer. À ce stade de sa carrière, ce n'est pas la technique ou la tactique de Rafa qui nécessite le plus d'attention : c'est son bien-être physique et mental. Maymó s'occupe parfaitement de ces deux aspects.

Cazzaniga décrit le rôle de Titín : « Il est très important pour la carrière de Rafa. C'est l'un de ses meilleurs amis, la seule personne qui ait été à ses côtés tout au long de sa carrière, sur tous les tournois. Parfois Toni ne pouvait pas être présent à un tournoi, parfois Carlos Moyà en manquait un. Mais Maymó était toujours présent. Il connaît Rafa mieux que quiconque, mieux que Toni ! Lorsque Rafa avait un problème d'ordre personnel, il n'en parlait pas à Toni : il allait voir Maymó. Même lorsque le père de Rafa avait une question sur son fils, il consultait Maymó plutôt que Toni. Maymó connaît Rafa encore mieux que sa femme ne le connaît. »

Rafa a confirmé à quel point ils sont proches dans son autobiographie *Rafa*. « Enlevez Titín de mon équipe et je me sentirais seul et abandonné. S'il devait partir, il serait quasiment impossible de remplacer l'amitié qu'il laisserait derrière lui. Ce n'est pas seulement quelqu'un

de bien : il est d'une honnêteté infaillible. S'il a quelque chose à vous dire, il vous le dira sans détour. »

CI-DESSUS À GAUCHE : l'équipe de Rafa concentrée à l'Open de Barcelone en 2014. Rangée du haut (de gauche à droite) : Jordi Robert alias « Tuts » de Nike, son père Sebastián et son manager Carlos Costa. Rangée du bas (de gauche à droite) : son entraîneur adjoint Francisco Roig, son kiné Rafael Maymó et son oncle Toni.

CI-DESSUS À DROITE : avec Carlos Moyà, à l'époque où le jeune Majorquin n'était pas encore son entraîneur.

La préparation physique de Rafa

Les détails des séances d'entraînement de Rafa sur le court comme en salle sont un secret bien gardé. Comme le *Wall Street Journal* l'a expliqué : « L'équipe de Nadal ne voit aucun avantage à révéler des informations confidentielles qui pourraient être utiles à ses rivaux. »

Il est toutefois évident qu'au fil des années, Rafa a travaillé dur sur le renforcement musculaire qui lui permet de pratiquer un jeu si agressif. Un simple coup d'œil à sa carrure suffit à le confirmer.

« Quand j'avais 16 ou 17 ans, j'utilisais un système de poulies conçu pour aider les astronautes à combattre l'atrophie musculaire lorsqu'ils sont en apesanteur, a-t-il confié par le passé. J'ai développé les muscles de mes bras et de mes jambes, mais surtout des bras pour augmenter mon accélération. C'est la raison principale pour laquelle j'arrive à mettre plus d'effet dans mes lifts que n'importe quel autre joueur du circuit. »

Ce *topspin* pèse énormément sur le bras gauche de Rafa, en particulier sur les muscles de la coiffe des rotateurs de son épaule gauche. C'est pourquoi Rafa travaille autant sur cette partie de son corps pour veiller à son bon fonctionnement.

Il affirme courir beaucoup moins que les autres joueurs d'élite, conscient que ce type d'entraînement ajouterait des mini-traumatismes à un corps qui souffre déjà. Par le passé, son préparateur physique a expliqué que la plupart de ses exercices d'entraînement de course étaient axés sur les sprints, afin de préparer ses changements explosifs de vitesse et de direction sur le court.

Il aime également s'entraîner à la piscine, où l'impact sur ses muscles et articulations est plus faible. Il travaille son jeu de jambes et son équilibre grâce à un ballon d'équilibre : un accessoire de fitness baptisé « BOSU ». Avant comme après chaque entraînement, il s'étire beaucoup. Comme de nombreux tennismen, Rafa utilise des bains glacés après des séances d'entraînement vigoureuses (et après les matchs, bien sûr) pour réduire l'inflammation et préparer son corps à la prochaine séance de tortures.

CI-DESSUS À GAUCHE : avec son préparateur physique, confident et ami proche Rafael Maymó à Roland-Garros en 2021.

CI-DESSUS À DROITE : célébration après sa balle de match au Canada en 2005.

À GAUCHE : à l'échauffement à Roland-Garros en 2017.

BLESSURES

Étant donné les efforts auxquels il soumet son corps sur le court, il n'est pas surprenant que Rafa ait subi un certain nombre de blessures.

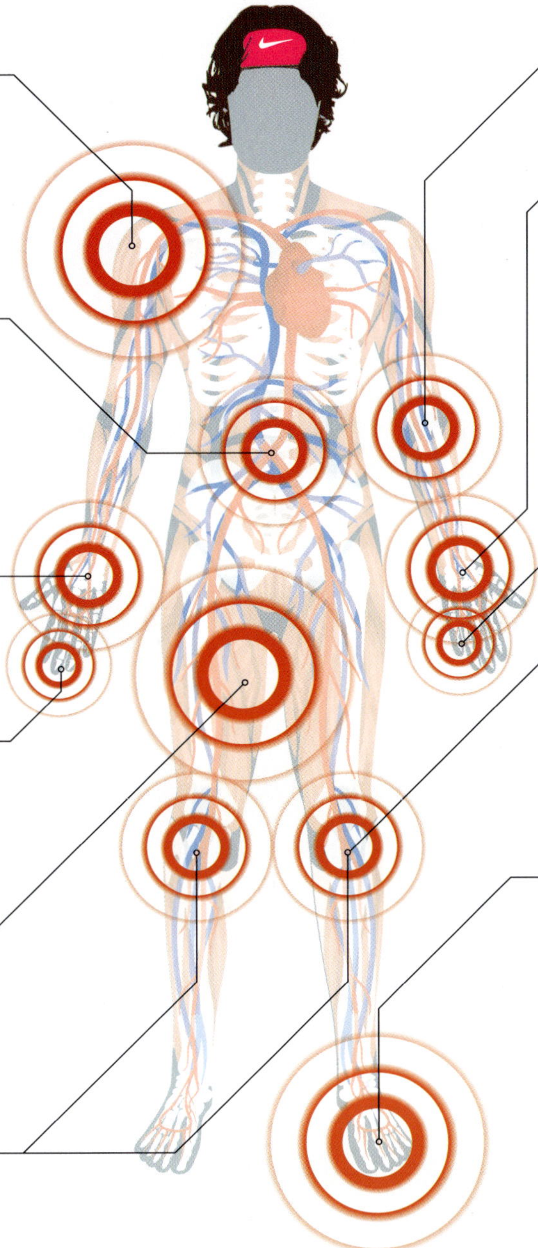

2010
Épaule – Blessure provoquant son abandon à Roland-Garros

2014
Dos – Traitement par cellules souches pour réparer le cartilage de son dos

2021
Douleurs dorsales – Elles l'ont obligé à adapter son service à l'Open d'Australie

2014
Poignet droit – Désinsertion de la gaine du muscle cubital postérieur

2019
Doigt – Rafa a joué avec un «doigt endormi» à Monte-Carlo à la suite d'une infection à l'ongle

2011
Jambe droite – Déchirure de l'adducteur en jouant contre David Ferrer à l'Open d'Australie

2009/12/14
Genoux – Tendinites, provoquées surtout par les semelles orthopédiques destinées à soulager ses douleurs au pied gauche

2003
Coude – Blessure à l'entraînement à Manacor

2016
Poignet gauche – Déchirure du tendon

2000
Auriculaire gauche – Il a été sacré champion d'Espagne U14 avec un doigt fracturé

2012/13
Genou gauche – Maladie de Hoffa

2004
Pied gauche – Fissure osseuse avant les JO d'Athènes

2005
Pied gauche – Problèmes récurrents causés par la «maladie de Köhler», qui provoque une mauvaise ossification chez l'enfant, nécessitant le port d'une semelle orthopédique

2021
Pied gauche – Opération corrective en septembre pour une blessure qui a mis un terme à sa saison

2022
Syndrome de Müller-Weiss,une maladie dégénérative rare qui affecte l'os naviculaire, à l'arrière du pied, provoquant des douleurs chroniques. Rafa a été diagnostiqué en 2005.

Les blessures de Rafa

Un tennis agressif est très traumatisant pour le corps d'un joueur, et Rafa le sait mieux que personne (ci-dessus, la liste complète et édifiante de ses blessures en carrière). Il possède un jeu brutalement physique, quasiment violent, à sans cesse se jeter en avant, se contorsionner, sprinter sur le court, avant de s'arrêter abruptement et de changer de direction… Tout cela impose un stress incroyable à son pauvre corps. Sa longévité sur le circuit relève presque du miracle.

Dès le début des années 2000, une autre légende du tennis avait prévenu que des pépins physiques étaient à craindre : Andre Agassi. « Nadal signe des chèques en blanc, espérons que son corps parviendra à payer la note, lançait-il. Il joue chaque point à fond et on ne peut qu'espérer qu'il restera en bonne santé, mais ce sport génère beaucoup d'usure. Une grande carrière ne dépend pas seulement de ce qu'il peut faire, mais aussi de sa santé. »

Tous les tennismen professionnels ont subi des blessures à un moment ou à un autre. Les plus actifs peuvent disputer jusqu'à trente tournois par an, à maltraiter, à punir et à infliger des bleus à leur corps chaque semaine. Alors, bien sûr, ils peuvent compter sur les meilleurs kinés du monde, mais avec une usure aussi harassante, le corps finit parfois par lâcher.

C'est au pied gauche que Rafa a subi sa première blessure grave. Tout a débuté en 2004, lorsqu'une fracture de fatigue l'a forcé à manquer quasiment toute la saison sur terre battue, y compris Roland-Garros. L'année suivante, ce même pied l'a fait souffrir, mais cette fois, c'était plus sérieux. Ángel Ruiz Cotorro, le médecin de Rafa, ne parvenant pas à établir un diagnostic satisfaisant, celui-ci a consulté un spécialiste à Madrid. Il s'est révélé que Rafa souffrait d'un problème congénital provoqué par un petit os du pied (le scaphoïde tarsien) qui ne s'était pas solidifié convenablement durant son enfance. Au fil de toutes ces années de tennis, l'os s'était déformé, avait grandi et risquait de se morceler. D'où la douleur aiguë.

Le spécialiste a alors annoncé à Rafa le pire cauchemar d'un athlète professionnel : il ne pourrait plus jouer au niveau professionnel. Il a fondu en larmes, accablé par la sensation d'avoir été amputé de la moitié de sa vie.

Heureusement, la famille de Rafa a fait bloc autour de lui pour le soutenir, comme toujours. Toni a encouragé son neveu à continuer de s'entraîner, quand bien même il serait obligé de frapper les balles assis

CI-CONTRE, EN HAUT : Rafa joue malgré une blessure au genou à Indian Wells en 2019.

CI-CONTRE, EN HAUT : avec son docteur Ángel Ruiz Cotorro à Wimbledon en 2019.

CI-CONTRE, EN BAS : souffrant du pied à l'Open d'Australie en 2019.

CI-CONTRE, EN BAS : sa douleur au coude droit à Wimbledon en 2010.

sur une chaise ou aidé de béquilles. Le père de Rafa a conservé son optimisme : ils trouveraient une solution.

Plus tard, sous la direction du spécialiste de Madrid, le sponsor chaussures de Rafa (Nike) est parvenu à créer une chaussure possédant un matelassage spécial sur la semelle destiné à protéger l'os endommagé. Pour s'adapter à ses nouvelles chaussures, Rafa a dû modifier sans cesse son style de jeu, mais finalement, ça a fonctionné. Il ressentait encore de la douleur, mais à un niveau gérable. « Nous devons nous équiper pour résister, expliquerait-il plus tard. Car il n'existe aucune autre solution que de résister. »

Après être passé si près de devoir abandonner le métier de ses rêves, il a décidé d'aborder chaque match comme si c'était le dernier.

Sa blessure au pied gauche n'a pas été son seul pépin physique. Au fil des années, il s'est blessé partout : jambes, épaule, genoux, poignet, hanche, dos, doigts… La semelle orthopédique l'a en effet rendu plus vulnérable aux blessures au genou, mais il en avait besoin pour jouer.

Les allégations de dopage

[remplacer tout le texte sous le titre "Les allégations de dopage" par :]

Au milieu des années 2000, la police espagnole a lancé une vaste enquête sur des suspicions de réseau de dopage touchant plusieurs cyclistes l'Operación Puerto. Dans la confusion, un quotidien européen a affirmé que Rafa figurait dans la liste des clients du docteur au centre du scandale, Eufemiano Fuentes (totalement disculpé plus tard).

Attaqué sans la moindre preuve, Rafa a immédiatement clamé son innocence et nié être impliqué dans le dopage. Mais au fil des années, d'autres tennismen ont propagé des rumeurs selon lesquelles il se dopait. Roselyne Bachelot, alors ministre française de la Santé et des Sports, est même allée plus loin : en 2016, elle l'a publiquement accusé de dopage. Rafa a porté plainte pour diffamation et la justice lui a accordé 12 000 €, dont il a fait don à une œuvre caritative.

« Mon objectif était de défendre non seulement mon intégrité et mon image en tant qu'athlète, mais aussi les valeurs que j'ai mises en avant tout au long de ma carrière, expliquait Rafa après la décision judiciaire. J'aimerais aussi que les personnalités publiques évitent de lancer des insultes ou de fausses allégations contre un athlète en utilisant les médias, sans preuve ni fondement : un tel comportement ne doit pas rester impuni. »

Dans une interview au Los Angeles Times, Rafa a déclaré : « Je suis complètement clean. J'ai toujours travaillé très dur : quand je me blesse, je me blesse. Je ne prends jamais rien pour

> C'est vrai que j'ai vécu des situations difficiles au cours de ma carrière. Mais en gardant une attitude positive et en étant bien entouré (c'est la clé), j'ai réussi à trouver un moyen de poursuivre mon chemin.
>
> Rafa Nadal

revenir plus vite. Et je n'ai jamais eu la tentation de prendre ce genre de raccourci. Je crois au sport et aux valeurs qu'il transmet. C'est un exemple pour les jeunes. Si je transgressais tout cela, c'est à moi-même que je mentirais, pas à mes adversaires. »

Le dépistage de substances visant à améliorer la performance est géré par la Fédération internationale de tennis, dans le cadre du Programme antidopage du tennis. Il s'applique à tous les joueurs et toutes les joueuses d'élite participant notamment aux grandes compétitions. Les athlètes sont obligés de fournir un prélèvement d'urine ou de sang à n'importe quel moment où la demande leur en est faite, en période de compétition ou non, sans avertissement.

De plus, les joueuses et joueurs du Top 100 mondial doivent informer les autorités antidopage de leur localisation chaque jour où ils ne participent pas à une compétition. La plupart des années, seuls quelques joueurs ou joueuses sont convaincus de dopage.

En 2021 (derniers chiffres disponibles au moment de la préparation de cet ouvrage), Rafa a été testé à quatorze reprises – deux fois en compétition, douze fois hors compétition.

RECORD OLYMPIQUE

Rafa a gagné la médaille d'or en simple comme en double. C'est le membre le plus titré du prestigieux «Grand Slam 20 Club» : Roger Federer a obtenu une médaille d'argent en simple et Novak Djokovic s'est contenté du bronze.

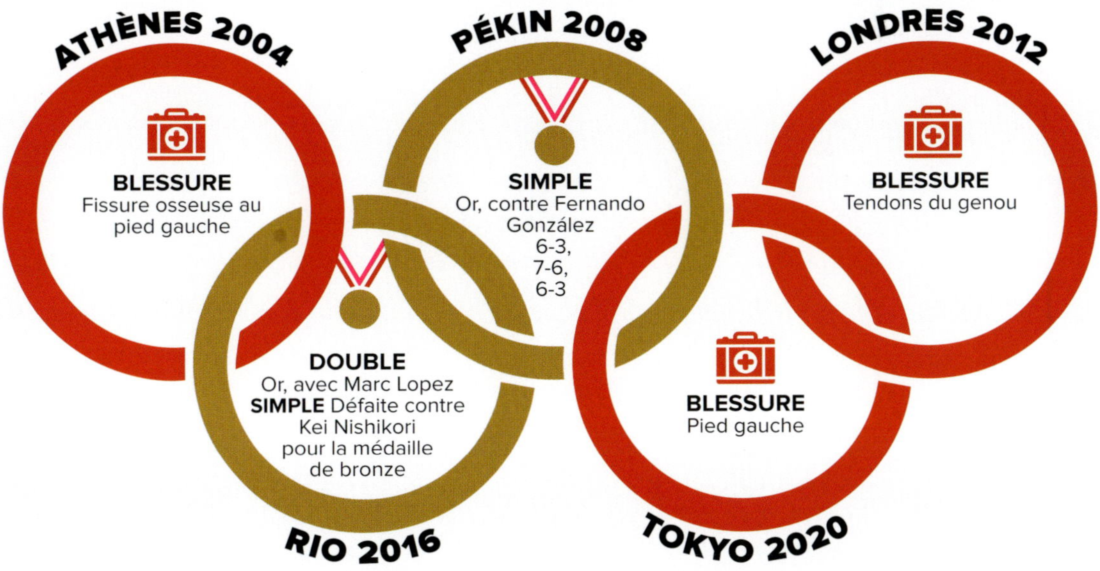

LE MATCH

JEUX OLYMPIQUES DE PÉKIN

17 août 2008
Olympic Green Tennis Center, Pékin (Chine)
Finale : Rafa Nadal vs Fernando González
Victoire de Rafa Nadal contre Fernando González 6-3, 7-6, 6-3

Les Jeux olympiques offrent peu souvent du tennis de grande qualité. Les rares occasions qui rendent ce tournoi passionnant sont lorsqu'un joueur tente ce qui est appelé le « Grand Chelem doré » : remporter les quatre tournois du Grand Chelem et la médaille d'or olympique en simple la même année. Bien sûr, l'occasion s'y prêtant seulement tous les quatre ans, c'est un exploit réellement exceptionnel.

Rafa n'a jamais été en position de réaliser le Grand Chelem d'or. De toute l'histoire, seule Steffi Graf y est parvenue. En fait, Rafa n'a jamais gagné les quatre Grands Chelems la même année calendaire. Pas par manque d'envie ! C'est en 2010 qu'il en est passé le plus près, lorsqu'il a remporté Roland-Garros, Wimbledon et l'US Open.

Le match de sa médaille d'or olympique en 2008 mérite toutefois une mention spéciale, *a minima* car il lui a permis de mettre fin au règne sans partage de Federer sur la place de n° 1 mondial qu'il occupait sans interruption depuis quatre ans et demi.

Lorsque Rafa (tête de série n° 2) et Fernando González (n° 12) se sont retrouvés face à face à l'Olympic Green Tennis Center de Pékin, par une chaude journée d'août 2008, c'est le Chilien qui devait être le plus en confiance. González avait en effet remporté leurs deux précédents duels sur surface dure. Les deux joueurs avaient réalisé un parcours impressionnant dans ce tournoi. S'il avait bénéficié d'un tableau relativement clément, González n'avait pas perdu le moindre set jusqu'en demi-finale, face à James Blake, l'Américain qui l'a poussé jusqu'à 11-9 dans le troisième set décisif. De son côté, Rafa avait cédé un set dès le premier match, où il était très nerveux, ainsi qu'en demi-finale contre Djokovic.

Habillé d'un long short blanc et d'un maillot orange foncé sans manches (avec un petit drapeau espagnol sur le cœur), avec un bandeau orange clair sur la tête et des strappings en dessous des genoux, Rafa a commencé tambour battant. Il collait son premier service sur le T et claquait un coup droit monstrueux sur le retour de González. Le Chilien, vêtu d'une tenue noir et blanc plus traditionnelle, semblait sur les nerfs. À cette époque-là, il possédait l'un des coups droits les plus dévastateurs au monde, un atout qu'il n'aura pas suffisamment utilisé lors de cette finale. Et chacun sait que face à Rafa, la moindre faille dans votre armure est exploitée de manière implacable.

Au premier set, Rafa a rapidement mené 3-0, avant de s'imposer 6-3. Mais c'est la deuxième manche qui a livré le plus beau spectacle, lorsque González est parvenu à s'offrir deux balles de set grâce à un coup droit croisé aussi magnifique qu'imparable dans le carré de service côté avantage. Mais après avoir œuvré si dur pour les obtenir, il les a laissées filer : la première en manquant une volée simple, la seconde en mettant son coup droit dans le filet.

CI-DESSUS : un seul autre joueur (Andre Agassi) a remporté la médaille d'or olympique en simple et les quatre tournois du Grand Chelem.

Ces erreurs l'ont atteint, car il a commis trois fautes sur coup droit dans le tie-break qui a suivi. L'Espagnol a empoché le deuxième set de façon convaincante, 7-2 au tie-break.

À partir de là, Rafa a dominé la rencontre, en prenant notamment le service de González sur un jeu blanc pour mener 3-1. Son adversaire luttait pourtant avec courage, et les crissements des chaussures des deux joueurs sur le DecoTurf s'intensifiaient. Mais González ne pouvait que retarder l'inévitable. Rafa s'imposait 6-3 pour s'offrir le match et la médaille d'or olympique.

Plus tard, lors de la cérémonie de remise des médailles, c'est vêtu d'un survêtement de l'équipe d'Espagne, dans lequel il flottait, que Rafa a reçu sa breloque des mains de son compatriote Juan Antonio Samaranch. González recevait évidemment la médaille d'argent, tandis que le bronze

revenait à Djokovic, vainqueur de James Blake dans le match pour la troisième place. Eh oui, Rafa a bien mordu sa médaille d'or, comme il croque chaque trophée qu'il remporte. Il a fini par poser pour la meute de photographes avec le drapeau espagnol en guise de cape.

« Je sais combien il est difficile de remporter cette médaille, surtout ici, car vous n'avez qu'une chance tous les quatre ans, déclarait-il ensuite en conférence de presse. Au tennis, les tournois du Grand Chelem sont un peu plus importants que celui-ci. Mais ici, c'est seulement une fois tous les quatre ans. C'est un sentiment spécial, car j'ai la sensation d'avoir gagné cette médaille pour tout le pays. Je gagne pour beaucoup de gens, pas seulement pour moi. »

Il est revenu plus tard sur l'importance de cette victoire : « C'est un honneur de faire partie de la famille olympique du sport espagnol. Ce que j'ai vécu pendant ces Jeux olympiques, c'est inoubliable : c'est incomparable avec ce qu'on peut vivre sur le circuit, même sur les Grands Chelems. Ce fut l'une des plus belles expériences de ma vie. »

Ce sacre olympique a permis à Rafa de réaliser plus tard le « Grand Chelem doré en carrière » : remporter la médaille d'or ainsi que les quatre tournois du Grand Chelem au cours de sa carrière. À ce jour, seuls deux joueurs ont y sont parvenus : Rafa et Andre Agassi.

8

PROPHÈTE EN SON PAYS

Rafael Nadal est-il le sportif espagnol le plus célèbre de l'Histoire ? C'est le tennisman le plus connu, la cause est entendue. Au cours de l'ère Open (depuis 1968, date de la création du tennis professionnel), seuls cinq Espagnols ont été n° 1 mondial en simple : Rafa, Carlos Moyà (l'actuel entraîneur de Rafa), Juan Carlos Ferrero, Arantxa Sánchez Vicario et Garbiñe Muguruza.

Mais tous les titres de n° 1 mondial ne se valent pas : Rafa a passé 209 semaines au sommet du classement ATP (loin devant tous les autres Espagnols) et compte 22 victoires en Grand Chelem à son actif. À titre de comparaison, Moyà, Ferrero, Sánchez Vicario et Muguruza comptent huit Grands Chelems à eux quatre. (Mention spéciale à Manuel Santana, qui a gagné Wimbledon, l'US Open et Roland-Garros à deux reprises avant l'ère Open, dans les années 1960.)

Mais qu'en est-il des autres sports ? Un regard lointain vers le passé met en lumière quantité de toréadors et joueurs de pelote légendaires venant d'Espagne mais, vu la nature de ces sports, ils affrontaient peu d'étrangers. Ce n'est qu'à la mort du général Franco (en 1975), à l'ouverture de l'Espagne à la démocratie (au début des années 1980) et à l'accession à l'Union européenne (en 1986) que la nation a réellement commencé à développer sa fibre musculaire d'élite. La prospérité économique a été bâtie sur la stabilité

À DROITE :
Rafa recevant un prix du prince Felipe, futur roi d'Espagne, à Madrid.

politique, permettant aux athlètes de briller, que ce soit au tennis, au golf, au football, au basketball, en cyclisme ou en sports mécaniques.

Le plus grand catalyseur a sans doute été les Jeux olympiques de Barcelone en 1992. Pour les Espagnols, ainsi que pour le reste du monde, cet été-là a rimé avec optimisme grandiose et enjoué, alors que quasiment 10000 athlètes représentant 196 nations se réunissaient dans la capitale catalane. Il s'agissait des premières Olympiades depuis la fin de la guerre froide : plusieurs républiques anciennement soviétiques et yougoslaves participaient sous leur propre drapeau. L'Afrique du Sud avait été invitée, après trente-deux ans de boycott. L'Allemagne a envoyé une délégation réunifiée pour la première fois depuis les années 1960. Surfant sur cette vague de positivité, et profitant d'évoluer à domicile, les athlètes espagnols ont remporté 22 médailles, dont 13 en or, se plaçant au sixième rang du tableau des médailles.

Au fil des années 1990, le gouvernement espagnol a construit des infrastructures sportives aux quatre coins du pays. Le public et les médias se sont joints aux festivités, en offrant un fervent soutien à leurs nouveaux héros sportifs. Chez les jeunes, des dizaines de disciplines sportives ont bénéficié d'investissements gouvernementaux.

Soudain, le monde entier a découvert de nouveaux champions espagnols. Le football a vu émerger des joueurs comme Cesc Fàbregas, Iker Casillas,

À DROITE :
avec le gardien espagnol Iker Casillas et la princesse Letizia (aujourd'hui reine d'Espagne) après le sacre de l'Espagne au Mondial 2010 en Afrique du Sud.

PAGE PRÉCÉDENTE :
porte-drapeau de la délégation espagnole à la cérémonie d'ouverture des Jeux olympiques de Rio 2016.

IKER
PLVS
VLTRA

David Villa, Sergio Ramos, Fernando Torres, Gerard Piqué, Xavi Hernández, Raúl González, Carles Puyol et Andrés Iniesta. L'équipe d'Espagne a remporté la Coupe du Monde 2010 (avec Rafa dans les vestiaires pour fêter le titre), l'Euro 2008 et l'Euro 2012.

Les Espagnols ont également brillé sur les parcours de golf, notamment grâce à Seve Ballesteros puis Sergio García ou encore José María Olazábal (avec qui Rafa a organisé un tournoi caritatif de golf).

En Formule 1, Fernando Alonso a été champion du monde en 2005 et 2006. En MotoGP, Marc Marquez a remporté l'épreuve reine six fois. En cyclisme, Miguel Indurain a gagné 5 Tours de France.

Comparer la réussite sportive d'un tennisman à celle d'un pilote de course, d'un golfeur ou d'un basketteur est une tâche impossible. Comment un Grand Chelem pourrait-il être comparable à une victoire en Grand Prix ? Ou un nombre de semaines no1 au classement mondial ATP à plusieurs titres de champion en Liga espagnole ?

Malgré cette impossibilité mathématique, Rafa est une star à part en Espagne, tous sports confondus, quelle que soit la mesure du succès choisie : 22 titres en Grand Chelem, plus 70 autres titres ATP, deux médailles d'or

CI-DESSUS : à un match de Ligue des champions du Real Madrid en 2010.

PAGE SUIVANTE : avec le golfeur espagnol Sergio García, lors d'un tournoi à Castellón de la Plana en 2010.

LE « GRAND SLAM 20 CLUB »

Comment Rafa se compare-t-il aux deux autres membres du magnifique trio de joueurs à avoir atteint les 20 titres en Grand Chelem?

	Djokovic	Nadal	Federer
Âge au 20e titre	34 *(Wimbledon 2021)*	34 *(Roland-Garros 2020)*	36 *(Open d'Australie 2018)*
GC disputés au 20e titre	65	60	72
Victoires consécutives	6	5	10
Titres consécutifs	4	3	3 (deux fois)
GC disputés en tant que n° 1	13	6	17
Victoires-Défaites contre Djokovic	-	10–7	6–11
Victoires-Défaites contre Nadal	7–10	-	4–10
Victoires-Défaites contre Federer	11–6	10–4	-

Au moment de leur 20e titre en Grand Chelem

Répartition des titres en Grand Chelem (nombre de matchs)

	Djokovic	Nadal	Federer
Open d'Australie	9 (82)	2 (76)	6 (102)
Roland-Garros	2 (85)	14 (112)	1 (73)
Wimbledon	6 (79)	2 (53)	8 (105)
US Open	3 (75)	4 (64)	5 (89)

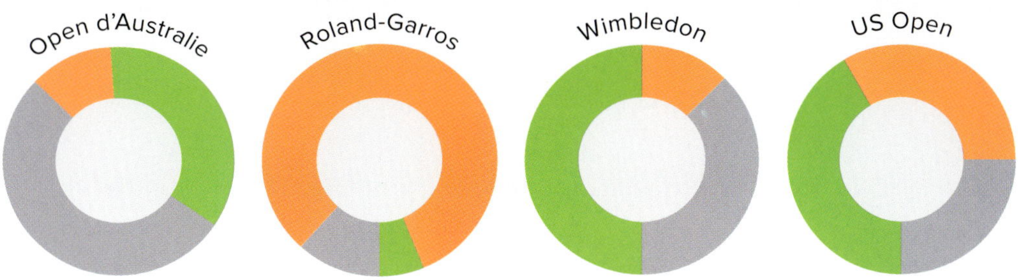

À GAUCHE :
trois tennismen espagnols
n° 1 mondial : Carlos Moyà,
Juan Carlos Ferrero et Rafael Nadal,
dans des vêtements sans marque
au temple des ancêtres impériaux
de Pékin en 2005. Ils faisaient
la promotion de l'Open de Chine.

olympique (une en simple, une en double), cinq sacres collectifs à la Coupe Davis, 209 semaines en tant que o1 mondial, une place qu'il a occupée cinq fois à la fin de l'année civile.

En 2020, le principal quotidien sportif espagnol, *Marca*, a demandé à ses lecteurs d'élire leur plus grand sportif de tous les temps, leur « GOAT » (« Greatest Of All Time »). Pour cela, un système de duels était organisé avec seize athlètes espagnols légendaires (dont la plupart figurent ci-dessus). Le vainqueur a bien sûr été Rafa, et de loin.

« L'Espagne a connu beaucoup de succès sportifs ces dernières années, ce qui rend quasiment impossible la sélection d'une star unique, écrivait le quotidien. Toutefois, après une série de duels pour désigner le GOAT sportif du pays, Rafa Nadal a été sacré. »

Après le 20e titre en Grand Chelem de Rafa, Àlex Corretja a analysé sa carrière pour le site espagnol Sport.es. « Quand Rafael Nadal gagne, nous gagnons tous. Il est très difficile pour moi de résumer ce que Rafa représente pour nous tous. Pour moi, c'est le meilleur athlète espagnol de tous les temps, avec tout le respect dû aux autres. Je me rappelle que Rafa est humain, même s'il agit comme une machine ; qu'il est sensible, même s'il semble fait de fer ; et que son jeu peut être aussi implacable que la lave d'un volcan. »

TOTAL DE MATCHS GAGNÉS EN CARRIÈRE

Dans le classement du nombre de victoires dans l'histoire du circuit ATP, Rafa est très proche du sommet (après Roland-Garros 2022).

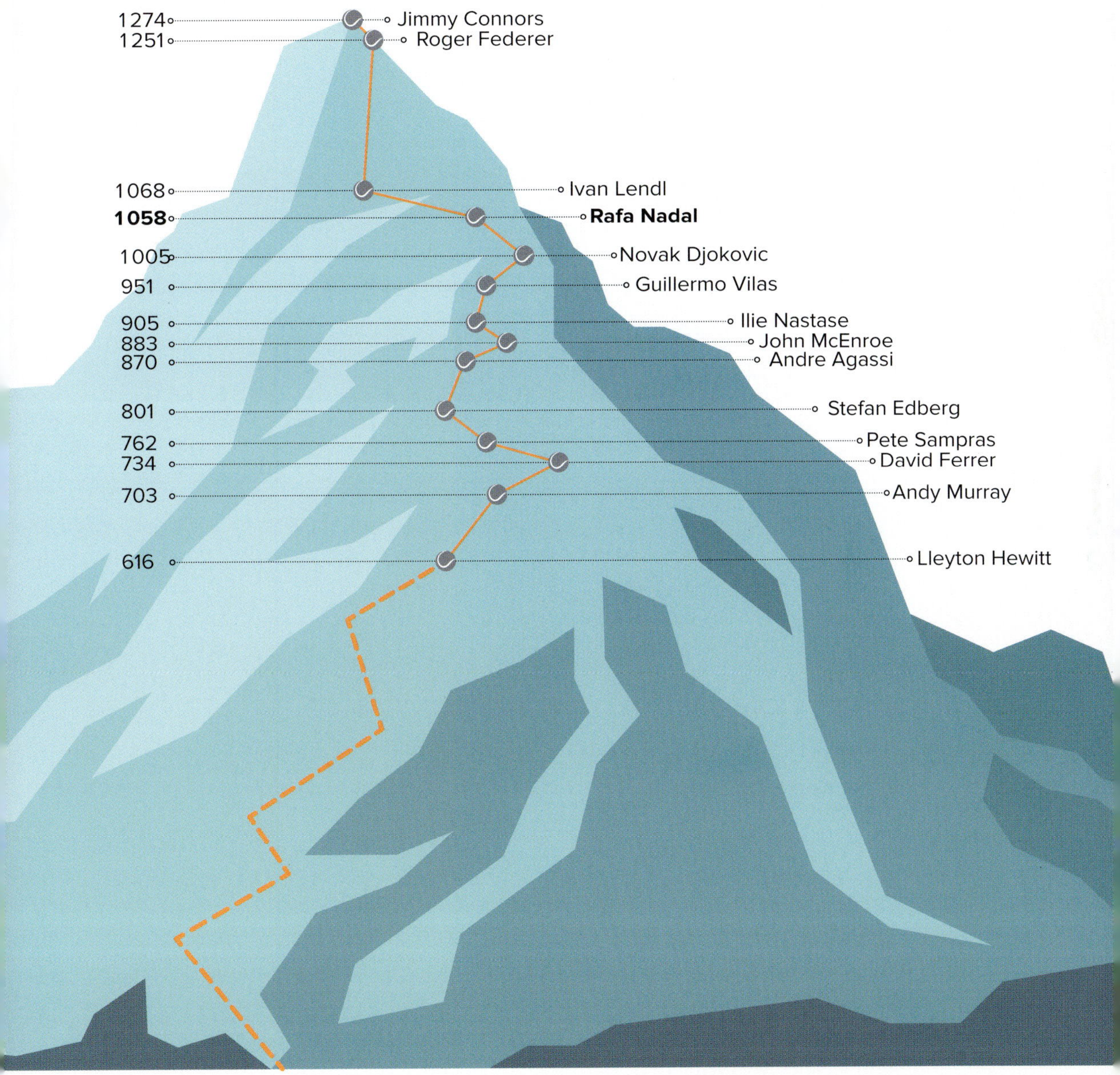

Je respecte Rafa peut-être plus que n'importe quel autre joueur au monde : c'est le plus grand rival que j'ai eu dans ma vie. Tout ce qu'il a réussi, son dévouement au tennis et la manière dont il s'entraîne et joue : ce sont des traits de caractère qui sont dignes d'admiration.

Novak Djokovic

LE MATCH

US OPEN

13 septembre 2010

Billie Jean King National Tennis Center, New York (États-Unis)

Finale : Rafa Nadal vs Novak Djokovic

Victoire de Rafa Nadal contre Novak Djokovic 6-4, 5-7, 6-4, 6-2

La saison 2010 a sans doute été la plus belle de la carrière de Rafa. Il a survolé Roland-Garros, Wimbledon et l'US Open, devenant le premier tennisman de l'Histoire à remporter des Grands Chelems en simple sur terre battue, gazon et synthétique la même année.

Arrivé à New York avec le statut de n° 1 mondial, Rafa rayonnait de confiance et d'énergie. Durant tout son parcours au Billie Jean King National Tennis Center jusqu'en finale, il n'avait pas perdu le moindre set. De son côté, Djokovic avait dû lutter dès le premier tour, avec un match haletant en cinq sets contre Viktor Troicki qui a duré trois heures et quarante minutes. En demi-finale, contre Roger Federer, il a dû s'employer encore plus longtemps pour s'imposer en cinq sets, au terme d'une partie difficile où il a été forcé de puiser dans ses réserves. Le Serbe était néanmoins déterminé à tout donner contre Rafa. Et parfois, ce duel a davantage eu les allures de match de boxe que de tennis.

Si les joueurs ont parfaitement livré leur partition, le diffuseur TV du tournoi n'a pas été très inspiré. Alors que la finale avait déjà été reportée de dimanche à lundi, et sachant qu'une nouvelle tempête était en approche, CBS a insisté pour qu'elle débute en fin d'après-midi pour s'assurer une belle audience – et les juteuses recettes publicitaires qui vont avec. Si elle avait commencé plus tôt, la finale aurait pu être terminée à l'arrivée de la pluie.

Face à un Djokovic en maillot blanc et short noir se dressait un Rafa tout en noir, avec des chaussures jaunes flashy. Pas de round d'observation dans ce match : les deux rivaux ont mis toute leur énergie dès les premiers échanges ; il aura fallu plus d'une demi-heure pour conclure les cinq premiers jeux. Le tout premier point a donné le ton, avec 19 échanges. Celui à 30-30 dans le deuxième jeu a été encore plus long, avec 28 coups. Quand est arrivé le cinquième jeu, les joueurs se rendaient coup pour coup et Djokovic avait déjà dû sauver pas moins de six balles de break. Rafa a manqué l'occasion cinq fois, mais il a placé son uppercut à la sixième, d'un coup droit dévastateur. Il a rapidement capitalisé dessus pour s'offrir le premier set.

Le Serbe a rebondi au deuxième set, en menant rapidement 4-1 au rythme d'échanges qui offraient une sensation quasiment hypnotique, avec la régularité métronomique de leurs grognements et du crissement de leurs chaussures. Mais Rafa s'est alors battu pour revenir à 4-4, 30-30. C'est là que la pluie a fait son apparition, provoquant une interruption de quasiment deux heures.

À leur retour, les deux joueurs semblaient encore plus motivés, jouant avec une intensité redoublée. C'est le Serbe qui s'est offert le deuxième set.

Si cela a démoralisé Rafa, ça ne s'est pas vu. Auteur d'un troisième set tonitruant, il a poursuivi sur la même lancée dans la quatrième manche. Dans le troisième jeu, il faisait le break et s'ouvrait les portes d'un nouveau succès. Au bout de trois heures et quarante-trois minutes, le Serbe rendait les armes en manquant son ultime coup droit. Nadal s'est écroulé sur le dos, avant de rouler sur le ventre, les mains sur la tête, comme s'il avait pris une balle. Les vannes s'ouvraient : son dos était pris de saccades sous ses sanglots de joie.

CI-DESSUS : l'US open 2010 était le neuvième titre de Rafa en Grand Chelem.

Interrogé plus tard sur ses plus grandes qualités en tant que joueur, il a répondu : « La mentalité, l'attitude sur le court. Je reste toujours positif sur le terrain, je me bats sans relâche. Quand je joue bien, l'intensité est toujours élevée. Le rythme est élevé. Je peux conserver dans la durée le même rythme et le même niveau. »

Djokovic a reconnu de bonne grâce les qualités du vainqueur. « C'est formidable que quelqu'un qui a connu autant de succès, très jeune, parvienne à conserver la motivation de donner le meilleur de lui-même à chaque tournoi, dans chaque match, peu importe qui est en face. Franchement, chapeau. Pour tout ce qu'il fait sur le court comme en dehors. C'est un grand champion, une bonne personne et un athlète exemplaire. »

La meilleure analyse de cette performance est sans doute à mettre au crédit du célèbre entraîneur américain Brad Gilbert. « La force d'âme de Rafa est sans comparaison, expliquait-il succinctement. Il n'abandonne jamais, que le score soit de 40-40 ou qu'il soit mené 40-0. Il ne laisse jamais filer le moindre point. »

Babolat

Pour la première fois
de ma carrière,
j'ai réalisé un très,
très grand match
dans ce tournoi.
Du moins, c'est
comme ça que
je le ressens.
J'ai disputé mon
meilleur match à l'US
Open au meilleur
des moments.

Rafa Nadal,
après l'US Open 2010

LA FAMILLE

IBEROSTAR
US OPEN 2016
USOPEN.ORG

Dans un pays, et sur une île, où les membres d'une même famille sont souvent très unis, Rafa et sa famille sont encore plus soudés que la moyenne. En fait, ils sont inséparables. Il existe une relation profondément intime entre le joueur de tennis, ses parents, grands-parents, tantes, oncles, neveux, nièces et cousins – qui ont globalement vécu toute leur vie les uns sur les autres. Financièrement, émotionnellement, psychologiquement et culturellement, ils opèrent quasiment comme une seule entité.

À en croire Rafa, durant pratiquement toute son existence, cette vie de famille a été heureuse, stable, unie, harmonieuse et rassurante. Lorsque Rafa est content, toute sa famille étendue est joyeuse. Lorsqu'il est triste, tout le monde est maussade. Comme nous l'avons décrit dans le chapitre 6, les Nadal ressemblent à une mafia, mais « sans la malveillance et les armes ».

Aussi, lorsque ses parents Sebastián et Ana María ont annoncé en 2009 leur intention de divorcer, après presque trente ans de mariage, Rafa a reçu la nouvelle comme un coup de massue.

C'est son père qui lui a parlé de la séparation, au cours d'un vol qui les ramenait de l'Open d'Australie, où il avait battu Federer en finale. « D'un coup, sans le moindre avertissement, le joyeux portrait de famille volait en éclats, expliquait le joueur

À GAUCHE :
la « Team Nadal » à l'US Open en 2016. Rangée du haut, de gauche à droite : sa mère Ana María, sa femme Mery, sa sœur Maribel. Rangée du milieu : son père Sebastián (polo rouge). Rangée du bas : son oncle Toni (polo vert) et son agent Carlos Costa (polo bleu).

dans sa biographie, *Rafa*. La continuité à laquelle j'avais accordé tant d'importance dans ma vie était coupée en deux, et l'ordre émotionnel dont je dépends a reçu un coup terrible. »

Initialement, cela n'a pas semblé affecter le jeu de Rafa. Au printemps, il a remporté les tournois des Masters d'Indian Wells, de Monte-Carlo et de Rome. Mais arrivé à Roland-Garros, s'il tentait de faire bonne figure, des craquellements ont commencé à apparaître. À la Porte d'Auteuil, il a perdu au quatrième tour contre le joueur suédois Robin Söderling. À ce jour, cela reste l'une de ses quatre défaites seulement aux Internationaux de France. Sa domination était ébranlée à mesure que la saison avançait et une blessure au genou s'est enflammée, exacerbée par la désintégration de sa cellule familiale, selon lui. Il n'a même pas participé à Wimbledon cette année-là. Puis, pour couronner le tout, il a subi une déchirure musculaire abdominale pendant l'US Open. Au mois d'août, il avait chuté de la première à la troisième place mondiale. Cela n'est évidemment pas une catastrophe en soi, mais une indication de combien il était affecté physiquement et mentalement par le bouleversement familial.

« Le divorce de mes parents a marqué un changement important dans ma vie, expliquait-il plus tard. Ça m'a affecté. Après ça, je n'ai pas pu jouer à Wimbledon, c'était trop dur. J'ai vécu en dehors du monde pendant un mois. »

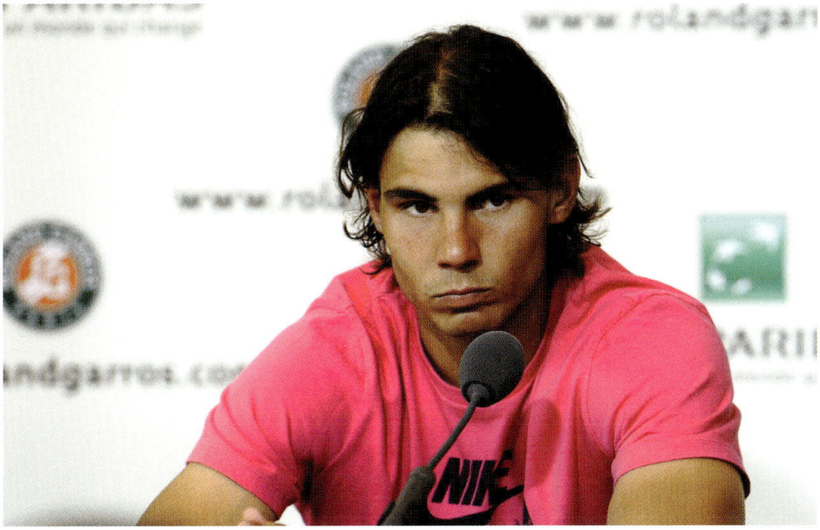

À GAUCHE :
sa joie à l'Open de Madrid en 2009.

À DROITE :
après la séparation de ses parents, Rafa a perdu contre Söderling à Roland-Garros. Sa peine se voit sur son visage.

À GAUCHE :
victoire à l'US Open 2010.

Heureusement, sa famille s'est soudée autour de lui. À la fin de l'année 2009, il a réalisé qu'il lui fallait sortir de cette torpeur. Après avoir suivi un traitement spécialisé sur son genou (voir le chapitre 7), il a commencé à remonter la pente.

En 2010, il s'est imposé à Roland-Garros (en obtenant au passage sa revanche contre Söderling), avant de remporter son deuxième titre à Wimbledon, puis son premier sacre à l'US Open. Rafa était de retour, et il avait bien l'intention de rattraper le temps perdu.

Deux ans plus tard, des rumeurs annonçaient que Sebastián et Ana María s'étaient rabibochés. En dehors du cercle familial, cela a convaincu peu de personnes. Le plus probable est qu'ils aient décidé de mettre leurs différends de côté et d'assister ensemble aux tournois de Rafa, comme à la belle époque, afin de ramener un peu de stabilité à la carrière de leur fils. Il ne fait aucun doute que son staff et sa famille lui ont apporté un soutien dont il avait bien besoin pendant cette épreuve. Sa sœur Maribel en particulier lui a été d'un grand réconfort.

Si Rafa a passé sa jeunesse sur les courts de tennis avec l'oncle Toni, Maribel a tracé sa voie pour devenir une businesswoman. Elle a étudié au Colegio Pureza de María, une école catholique renommée de sa ville natale. Elle y a rencontré María Francisca Perelló, alias Mery, qu'elle présenterait plus tard à son frère… qui finira par l'épouser. Après sa formation initiale, Maribel a étudié le management sportif à Barcelone,

À DROITE :
les parents de Rafa (ici à Roland-Garros en 2017) ne sont plus mariés, mais ils sont restés proches.

ROLAND-GARROS 2017
ROLAND-GARROS 2017

puis la gestion des affaires à Palma de Majorque. Plus tard, elle a travaillé notamment pour l'agence sportive IMG (qui a représenté son frère), la compagnie d'assurances Mapfre (l'un des sponsors de son frère) et Banco Santander (un autre sponsor de Rafa). Aujourd'hui, elle travaille essentiellement pour son frère, dans le département marketing de l'académie Rafa-Nadal. Cela peut faire penser à du népotisme, mais il s'agit en fait d'une preuve supplémentaire de l'étroitesse des liens dans les affaires de la famille Nadal.

Parmi les autres employés de Rafa figure sa femme, Mery. On sait peu de choses sur elle, alors qu'elle est mariée à l'un des sportifs les plus célèbres de la planète. Mery est extrêmement discrète : elle n'accorde quasiment jamais d'interview, ce qui lui confère une personnalité énigmatique, quasi mythique. Si elle a su protéger son intimité, c'est aussi grâce à l'inhabituelle tradition majorquine de respect de la vie privée des célébrités. Si Rafa et elle vivaient ailleurs en Europe, les tabloïds et les paparazzis seraient constamment sur leur dos. Voilà une autre raison qui a poussé le couple à rester sur l'île.

Dans les rares occasions où Mery accepte un entretien, elle répond aux questions par e-mail, sans rien dévoiler de trop personnel. Même dans l'autobiographie de Rafa, elle a seulement accordé quelques paroles, expliquant platement qu'elle préférait ne pas voyager avec Raf et qu'elle fuyait le monde des célébrités qu'elle trouvait « asphyxiant ».

Née María Francisca Perelló en 1988, elle aussi à Manacor, c'est la fille unique de Bernat, directeur d'une agence immobilière, et de María, fonctionnaire à la mairie de Manacor. Une petite parenthèse concernant son nom : si la presse espagnole et internationale l'a surnommée Xisca, Rafa et sa famille

À GAUCHE :
sa femme Mery
et sa sœur Maribel
à la Coupe Davis
à Madrid en 2019.

l'appellent Mery, ou Mary (les deux orthographes sont utilisées). « J'ai de nombreux noms, a-t-elle confié récemment à la version espagnole du magazine *Vanity Fair*. Mes proches m'appellent Mery. La première fois que l'on m'a appelée Xisca, c'était dans la presse. Personne ne m'appelle comme ça ; c'est le nom auquel je m'identifie le moins. »

Plus jeune, Rafa était très timide avec les filles. Il a fallu que sa sœur encourage la relation entre Mery et son frère pour qu'elle se produise. D'après ce que l'on en sait, c'est la seule relation sérieuse qu'il ait eue dans sa vie.

CI-DESSUS ET À DROITE :
Rafa et Mery se sont mariés à Majorque en 2019.

SERVICE / RETOUR DE SERVICE SUR TERRE BATTUE

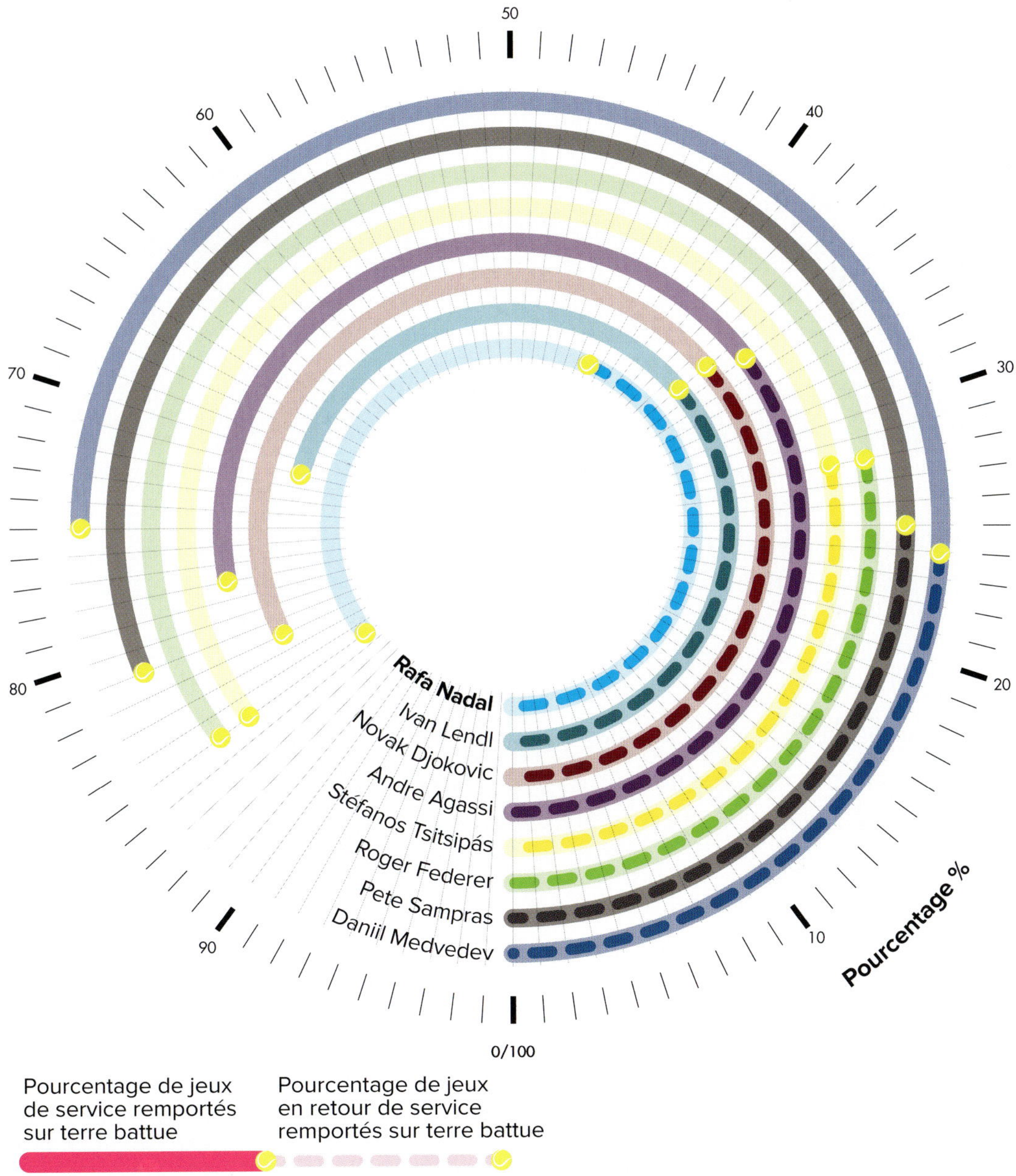

En octobre 2019, après quatorze ans de relation, les tourtereaux se sont mariés au domaine Sa Fortalesa de Pollença, une ville située sur la côte nord de l'île. Cet endroit était à l'origine un fort, bâti au XVIIe siècle pour défendre Majorque des pirates. Depuis, il a notamment servi de décor à l'adaptation réalisée par la BBC du roman *Le Directeur de nuit* de John Le Carré.

Toujours modeste, la famille Nadal a tenté d'éviter le faste pompeux et cérémonial des mariages de célébrités. Elle n'y est que partiellement parvenue, car l'ancien roi d'Espagne Juan Carlos et la reine Sofía figuraient parmi les invités. La liste des 200 convives incluait les joueurs de tennis Feliciano López, Carlos Moyà, David Ferrer et Juan Mónaco, accompagnés de leur épouse.

Diplômée en gestion des affaires de l'université des îles Baléares, Mery est aujourd'hui la directrice de l'œuvre caritative de son mari à destination des enfants, la fondation Rafa-Nadal. Son rôle implique un voyage minimum par an en Inde pour rendre visite à l'école de tennis bâtie par la fondation à Anantapur, dans le sud du pays. « Je me souviens très bien de l'impact qu'a eu mon premier voyage à Anantapur, a-t-elle confié à *Vanity Fair*. Ils vivent une réalité tellement différente de la nôtre. J'ai découvert leurs attentes et leurs priorités dans la vie : c'est difficile à décrire. J'ai été choquée de voir l'importance qu'accordaient les enfants aux vêtements et aux chaussures qu'on leur donnait. Ils les gardaient chez eux comme s'il s'agissait d'un trésor. »

En dehors de son travail caritatif, Mery aime rester dans l'ombre. Elle se rend rarement aux tournois de son mari, sauf lors des plus grands moments de sa carrière, où elle apparaît au côté de Maribel et d'Ana María : toujours discrète, elle préfère fuir les projecteurs.

Et ce n'est pas pour déplaire à Rafa. « On se connaît depuis toujours, depuis notre enfance, a-t-il expliqué. Mery, c'est ma boussole. »

CI-CONTRE :
Rafa et Mery à Barcelone en 2011.

Investindustrial
Invest for children
a foundation of

LE MATCH

ROLAND-GARROS

11 octobre 2020
Stade Roland-Garros, Paris (France)
Finale : Rafa Nadal vs Novak Djokovic
Victoire de Rafa Nadal contre Novak Djokovic 6-0, 6-2, 7-5

Le numéro 13 est généralement synonyme de malheur, mais pas pour Rafa à Roland-Garros. À l'automne 2020, dans une édition reprogrammée à cause de la Covid, il a démoli Novak Djokovic en trois sets, en seulement deux heures et quarante et une minutes pour obtenir son 13e titre à Roland-Garros, et son 20e sacre en Grand Chelem.

Le score est flatteur (6-0, 6-2, 7-5) et ne reflète pas la qualité du jeu déployé par le Serbe dans la fraîcheur parisienne. Djokovic n'avait pas perdu le moindre match de l'année, avec pour seul faux pas une disqualification à l'US Open pour avoir envoyé par inadvertance une balle qui a touché un juge de ligne à la gorge. Il s'agissait bien sûr d'une saison tronquée à cause de la pandémie, mais le joueur serbe était dans une forme éblouissante au moment de disputer la finale.

Mais ça n'aura pas suffi. Vêtu d'un maillot et d'un short de couleur bleu clair et d'un bandana rouge, Rafa a bouclé le premier set 6-0 en tout juste quarante-cinq minutes. Un set vierge, une humiliation. Indigne d'un joueur de la stature de Djokovic. Ce n'est pourtant pas qu'il ait mal joué : c'est simplement que Rafa marchait sur l'eau. Et ç'avait été le cas durant tout le tournoi : il n'a pas perdu un seul set dans cette édition.

L'ambiance sur le court Philippe-Chatrier était forcément à part, avec une jauge limitée à mille spectateurs qui devaient porter le masque. L'arrivée de la pluie a nécessité la fermeture du nouveau toit rétractable de l'enceinte : c'était la première fois en cent trente ans d'histoire qu'une finale de Roland-Garros se jouait à couvert. Cela a amplifié les échos des balles frappant les raquettes et les grognements des deux joueurs qui ne ménageaient pas leur peine jusqu'au dernier échange.

Rafa s'est offert le deuxième set assez facilement, grâce notamment à la précision de ses services. De son côté, Djokovic a commis un nombre

CI-CONTRE, À DROITE ET À GAUCHE : Rafa face à Novak Djokovic sous le toit du court Philippe-Chatrier à Roland-Garros en 2020.

CI-CONTRE EN BAS : Rafa remportait là son 13e titre à Roland-Garros, et son 20e titre en simple du Grand Chelem.

inhabituel d'erreurs directes. Le Serbe a régulièrement tenté de piéger Nadal avec des amortis, avec une réussite variable. «Je voulais essayer de casser son rythme, bien sûr, déclarait-il après le match. Mais il était prêt. Il était là, et il était prêt.»

Arrivé le troisième set, Djokovic est enfin parvenu à rivaliser avec Rafa. Après avoir rapidement cédé son service, il a repris celui de son adversaire (pour l'unique fois du match), ce qu'il a célébré avec un rugissement, le poing serré.

À 5-5, le Serbe a obtenu une nouvelle occasion de break. Il a pris un risque sur une deuxième balle, en servant très proche de la ligne. La balle semblait bonne, mais après vérification de la marque sur la terre battue, l'arbitre a signalé une double faute.

Psychologiquement, c'était le coup de trop pour Djokovic. À 6-5, Rafa a conclu par un jeu blanc au service, terminant par un ace sur un service fuyant sur le revers de son adversaire. Un service tellement fuyant que Djokovic n'a pu que le suivre du regard, impuissant. Pour la célébration de son titre, Rafa a innové : il est tombé à genoux au lieu de s'effondrer sur le dos. Arborant un large sourire, il a secoué les bras frénétiquement avant d'aller saluer son adversaire. Retournant ensuite sur le terrain, il a enserré son maillot et l'a mordu à pleines dents, comme s'il ne parvenait pas à réaliser qu'il avait bel et bien gagné. C'était son 100e match à Roland-Garros. Quelle façon de le fêter!

Étant donné le faible nombre de spectateurs, la cérémonie de remise du trophée a été étrangement feutrée. Rafa et Djokovic avaient renfilé leur masque et, pour une fois, Rafa n'a pas pu mordre le trophée immédiatement. Mais arrivé au bord du podium, il ne s'en est pas privé.

À GAUCHE : Djokovic a été digne dans la défaite. « Aujourd'hui, tu as démontré pourquoi tu étais le roi sur terre battue », a-t-il déclaré.

CI-CONTRE : Rafa étreignant la Coupe des Mousquetaires.

«Aujourd'hui, tu as démontré pourquoi tu étais le roi sur terre battue», a déclaré le perdant au vainqueur, avec un respect en forme d'hommage.

Rafa était aux anges : «Gagner ici, ça compte plus que tout pour moi. C'est ici que j'ai passé la plupart des moments les plus importants de ma carrière. Jouer ici, ç'a toujours été une source d'inspiration, et l'histoire d'amour que j'ai avec cette ville et ce court est inoubliable.»

David Law, commentateur pour la BBC, était ébahi par la portée du 20e titre de Rafa en Grand Chelem : « Je ne savais pas qu'il était capable de pratiquer ce tennis, à 34 ans. Son premier titre ici remonte à 15 ans. Et là, alors qu'il a la trentaine, il a livré une véritable démonstration. Il a terrassé Novak Djokovic. Quasi personne n'aurait pu arrêter Rafael Nadal aujourd'hui. C'est un grand jour pour le tennis, celui où il a égalé Roger Federer. » Guy Forget, alors le directeur du tournoi de Roland- Garros, confirmait : « Ça va bien au-delà de tout ce que l'on aurait pu imaginer. On assistera peut-être un jour à un événement plus grand… Mais pour moi, c'est le plus grand exploit sportif que l'on ne verra jamais dans l'Histoire. »

> Le nombre de titres qu'il a remportés à Roland-Garros est incroyable. Chaque fois que vous pénétrez sur le court avec lui, vous savez que vous devez escalader le mont Everest pour gagner contre ce gars ici.

Novak Djokovic

Perrier

RAFA NADAL
MUSEUM
XPERIENCE
ENJOY THE COMPETITION
ENTRANCE
DAILY MENU
FAMILY FUN

L'AVENIR

Comment mesurer son degré de célébrité ? Lorsque l'on donne votre nom à un astéroïde, vous êtes sur la bonne voie. En 2003, l'observatoire astronomique de Majorque a découvert un objet précédemment inconnu de quatre kilomètres de diamètre filant dans notre système solaire. Au départ, il a été désigné sobrement 128 036. Cinq ans plus tard, quand Rafa a remporté son premier titre à Wimbledon, les chercheurs ont envoyé une demande officielle à l'Union astronomique internationale afin de le rebaptiser en l'honneur du représentant le plus célèbre de leur île.

Depuis ce jour, l'immense rocher qui gravite dans notre système solaire à 20 kilomètres par seconde est désormais connu sous le nom d'astéroïde « Rafael Nadal ».

Un hommage plus conventionnel lui a été rendu au stade Roland-Garros, où il a acquis tant de succès. En mai 2021, en présence du joueur, une immense statue de Rafa a été inaugurée. Située à côté de la nouvelle entrée principale du site, proche du jardin des Mousquetaires, elle mesure trois mètres de haut : cette création en acier inoxydable représente le Majorquin en train de réaliser l'un de ses célèbres coups droits.

Il s'agit de l'œuvre du sculpteur espagnol Jordi Díez Fernández, présent à côté de Rafa lors de l'inauguration. « Ce que je souhaitais exprimer avec cette sculpture, c'est une synthèse de tous ses attributs qui peuvent sans doute se résumer à un seul : la puissance, expliquait Fernández. J'ai créé une sculpture de Rafa Nadal qui projette sa puissance. En fait, c'est un monument célébrant la puissance humaine. »

La première fois qu'il a rencontré Rafa, le sculpteur se rappelle avoir été subjugué par la présence physique du joueur. « Il possède les proportions d'un athlète

À DROITE : sa première victoire à Wimbledon, en 2008.

4.2
PREVIOUS SE
44
66

extrême. Mais il a les pieds sur terre, il est très humble et accessible, dès le départ. Pour moi, Rafa Nadal est une icône, une source d'inspiration pour nous tous. Lorsque Rafa joue, il incarne toutes ces qualités qui peuvent nous inspirer à exploiter notre propre potentiel. »

La cérémonie de l'inauguration était dirigée par le président de la Fédération française de tennis, Gilles Moretton. « Rafa, depuis 2005, vous êtes le joueur dont le nom est le plus intimement lié à Roland-Garros, déclarait-il face au joueur aux treize titres à Paris. Vous avez écrit,

CI-DESSUS : la statue de Rafa à Roland-Garros.

et vous continuez d'écrire, une histoire magnifique pour le tournoi comme pour vous-même. »

Dans un sport comme le tennis, dont les racines remontent aux années 1870, l'histoire est un élément respecté. Comme dans d'autres sports majeurs, les fans et les joueurs sont souvent obsédés par les records historiques, et le plus important de tous est sans conteste celui du nombre de titres en Grand Chelem en simple.

Au moment de la préparation de cet ouvrage, Rafa détenait ce record avec 22 Grands Chelems, soit deux de plus que ses plus grands rivaux, Roger Federer et Novak Djokovic. Rafa avait remporté deux fois l'Open d'Australie, quatorze fois Roland-Garros, deux fois Wimbledon et quatre fois l'US Open. De son côté, Djokovic comptait neuf titres à Melbourne, deux à Paris, six à Wimbledon et trois à Flushing Meadows. Le palmarès de Federer contenait six sacres à l'Open d'Australie, un à Roland-Garros, huit à Wimbledon et cinq à l'US Open.

Nous devrions nous sentir privilégiés de vivre cet âge d'or du tennis. Aucune autre période de l'histoire de ce sport n'a vu la présence de trois joueurs entretenant une rivalité aussi féroce, passionnante et indécise. Dans toute l'histoire du tennis, seuls cinq autres joueurs ont remporté dix titres du Grand Chelem ou plus : Pete Sampras, Roy Emerson, Björn Borg, Rod Laver et Bill Tilden. À noter que chez les dames, trois légendes ont dépassé les 20 titres en Grand Chelem : Steffi Graf (22), Serena Williams (23) et Margaret Court (24).

La plupart des joueurs tentent de minimiser l'importance de l'accumulation des titres en Grand Chelem. C'est une tactique psychologique destinée à s'enlever le poids de l'Histoire et de se concentrer sur le présent, plutôt que de s'inquiéter des matchs futurs. Mais en vérité, les plus grands joueurs ont toujours cet objectif dans un coin de leur tête – voire à une position plus centrale.

Pour les journalistes sportifs américains en particulier, le nombre de titres de Grand Chelem au tennis est devenu une obsession. Il alimente leur concept de « plus grand de tous les temps », ou GOAT. Consultants, experts et amateurs débattent sans cesse de qui est le GOAT de chaque sport, justifiant leur choix en s'appuyant sur des résultats. Mais au tennis, les débats tournent court car le GOAT est clairement défini par le nombre de titres en simple en Grand Chelem.

LES COURTS DU ROI

Il existe le Grand Chelem, le Grand Chelem doré (les quatre titres en GC plus l'or olympique), mais aussi le Grand Chelem sur terre battue, qui consiste à remporter Roland-Garros et les Masters de Monte-Carlo, Rome et Madrid. Seul Rafa a réalisé le Grand Chelem sur terre battue… en plus de ses quelques victoires à l'Open de Barcelone.

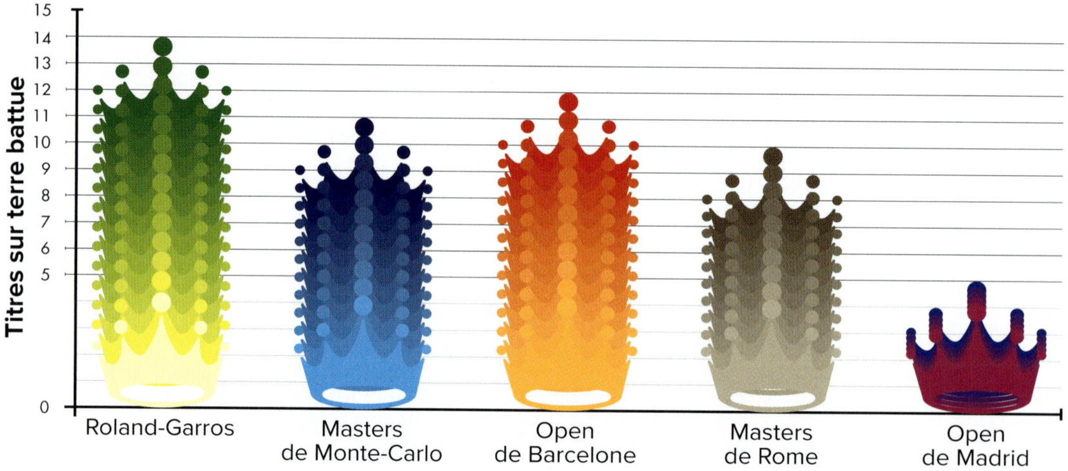

CI-CONTRE : après son 10e titre à Roland-Garros en 2017.

À DROITE : à l'ATP Finals 2019 à Londres. De gauche à droite : Dominic Thiem, Novak Djokovic, Matteo Berrettini, Roger Federer, Rafa, Alexander Zverev, Daniil Medvedev et Stéfanos Tsitsipás.

Rafa ne s'est jamais clairement exprimé sur le sujet. Lors d'une interview accordée en 2021 au quotidien espagnol *El País*, il a déclaré : « Je n'ai jamais caché mon envie d'être le meilleur joueur de l'Histoire, celui avec le plus de titres en Grand Chelem, lorsque je raccrocherai. Mais ça ne m'empêche pas de dormir. »

« Ça ne veut pas dire que je ne mette pas de pression. Je le dis comme je le pense : j'adorerais terminer ma carrière avec ce statut. C'est donc bien un objectif, mais ça ne m'obsède pas. Mon principal but est d'être heureux de ce que je fais. »

Ensuite, après avoir remporté son 22e Grand Chelem, en juin 2022 à Roland-Garros, Rafa a déclaré : « Roger, Novak et moi, nous avons réalisé notre rêve. Ce que nous avons accompli dépasse certainement nos propres attentes. Ce qui me motive, ce n'est pas de gagner des titres : c'est de me fixer des objectifs pour me donner la chance de continuer à faire ce que j'adore. »

Rafa et Djokovic ont seulement 35 ans, et si leur corps tient bon, ils pourraient jouer encore pendant cinq ans. Regardez Federer, le quadragénaire. Le champion suisse le nie, mais un seul objectif l'anime encore : dépasser ses deux rivaux au nombre de titres en Grand Chelem. S'il était possible de sonder l'âme de ces trois athlètes, on découvrirait sans doute que c'est l'une de leurs motivations profondes.

Quel avenir pour ces trois joueurs ? Federer va sans doute raccrocher bientôt, contraint et forcé par son corps vieillissant. Djokovic semble encore avoir le feu sacré et c'est sans doute lui qui a les meilleures chances d'ajouter quelques lignes à son palmarès, du moins sur le papier. Enfin, si son attitude envers les vaccins contre la Covid ne freine pas ses ambitions.

Mais qu'en est-il pour l'homme qui nous intéresse le plus ? Qu'est-ce qui attend Rafa ?

Le plus grand doute concerne sa blessure chronique au pied, qui le fait souffrir avec une régularité irritante. Après son sacre à Roland-Garros en 2022, il a déclaré qu'il prévoyait de subir une ablation du nerf et qu'il ne rejetait pas l'idée d'une opération future si cela lui permettait de continuer à jouer.

Interrogé il y a quelques temps sur une potentielle retraite sportive, il était naturellement resté assez évasif. « Je ne sais pas. Le tennis se joue avec l'esprit : ce n'est pas mathématique. Lorsque le moment sera venu, je le saurai. »

Et lorsque le moment sera venu, il aura de quoi s'occuper. Avec tous les intérêts commerciaux de l'empire Nadal, par exemple. Sans parler de l'académie de tennis Rafa-Nadal. Il a récemment déclaré qu'il aimerait consacrer plus de temps à son œuvre caritative, la fondation Rafa-Nadal, qui aide les enfants défavorisés.

En parlant d'enfants, aurait-il pour projet de fonder sa propre famille ? Aucun risque que les petits Nadal soient défavorisés, mais Rafa a martelé qu'il attendrait de terminer

À GAUCHE : avec Roger Federer à la Laver Cup de Genève en 2019.

CI-CONTRE : à Roland-Garros en 2006.

À Majorque, je peux être moi-même.
Je vais au supermarché et au cinéma.
Là-bas, je suis seulement Rafa. Tout le monde me connaît, personne n'en fait tout un plat.
Je peux me balader toute la journée sans croiser le moindre photographe.

Rafa Nadal

LE LIVRE DES RECORDS DE RAFA

Premier joueur à gagner des

GRANDS CHELEMS CONSÉCUTIFS

sur trois surfaces différentes :
terre battue, gazon et dur

Rafa partage le record du nombre de matchs gagnés dans un tournoi du Grand Chelem (avec Roger Federer). Ils ont chacun

GAGNÉ 112 MATCHS

Nadal à Roland-Garros,
Federer à Wimbledon

Nadal est seulement le sixième joueur à être classé

mondial pendant plus de

200 SEMAINES

Nadal est le deuxième des trois seuls joueurs de l'Histoire à avoir remporté au moins

DEUX GRANDS CHELEMS

à la fois sur terre battue, gazon et synthétique. Le troisième est Novak Djokovic, et le premier était le Suédois Mats Wilander

Nadal est seulement le troisième joueur du circuit masculin à remporter plus de

100 MILLIONS $

en primes, avec Novak Djokovic et Roger Federer

Nadal n'a jamais été forcé de disputer cinq sets en

14 PARTICIPATIONS

à Roland-Garros

Nadal est le premier joueur à remporter

QUATRE GRANDS CHELEMS

sans perdre le moindre set (aux éditions 2008, 2010, 2017 et 2020 de Roland-Garros)

Entre 2005 et 2017, il a réalisé une série de

81 VICTOIRES CONSÉCUTIVES

sur terre battue, commencée à Monte-Carlo et conclue à Hambourg. Le seul joueur qui s'approche de ce record est Guillermo Vilas, l'Argentin aux 53 victoires d'affilée en 1977

Depuis qu'il est passé pro, Rafa n'a

JAMAIS PERDU

deux matchs d'affilée sur terre battue

Rafa est le **SEUL** joueur à avoir gagné quatre fois Roland-Garros et l'US Open la même saison (2010, 2013, 2017 et 2019)

Rafa est connu pour son endurance : il possède le record du pourcentage de victoires dans les matchs en cinq sets, avec

88,2 %.

Rafa possède le record du

NOMBRE DE SETS REMPORTÉS 6-0

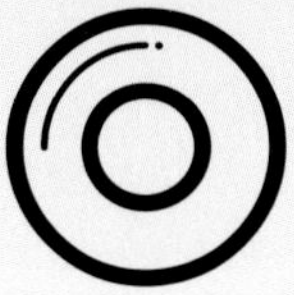

face à des joueurs classés n° 1 mondial

Nadal a disputé un nombre record de tournois ATP Finals (joués en novembre par les huit premiers du classement ATP) avec

17 PARTICIPATIONS CONSÉCUTIVES

(entre 2005 et 2021)

sa carrière avant d'y songer. Pourtant, sa femme Mery a la trentaine passée et, s'il poursuit sa carrière pendant encore quelques années, il est possible qu'il devienne papa avant de raccrocher sa raquette.

« Je suis très famille, a-t-il expliqué dans une interview pour le quotidien argentin *La Nación*. On ne sait jamais ce que l'avenir nous réserve, mais je sais que je dois fonder une famille. »

« Je veux avoir des enfants, même si je ne sais pas encore combien. J'adore les enfants, mais ce n'est pas le genre de choses qui se décide unilatéralement : il faut être deux ! J'aimerais avoir plusieurs enfants, mais je ne peux pas vous dire si ça sera deux, trois ou quatre. »

Rafa a expliqué qu'il mesurerait toujours son succès à l'aune de sa vie personnelle et familiale, et non par l'accumulation de titres ou d'argent. « Le vrai succès, c'est d'avoir des amis, une famille, de prendre soin d'eux et de se sentir aimé par le public : c'est très important. Mais le plus important, c'est de se sentir aimé par ses proches. »

Lorsque Rafa évoque l'héritage qu'il laissera au tennis, il déclare préférer que l'on se souvienne de lui pour ses qualités humaines plus que pour ses exploits sur le terrain. « Finalement, le tennis sera toujours là. Ce que vous avez fait restera. Mais à la fin de votre carrière, on vous traitera selon l'héritage que vous avez laissé. Ça ne dépend pas du nombre de titres que vous avez remportés, mais plutôt des amitiés que vous avez forgées sur le circuit et de la manière dont vous vous êtes comporté avec les autres. C'est une chose à laquelle j'ai toujours fait attention. Où que j'aille, je suis apprécié – que ce soit par les organisateurs des tournois ou par les gens que je croise sur le circuit et avec lesquels j'espère garder contact. »

Au cours de ses vingt et une années de carrière à ce jour, Rafa a réalisé un nombre incroyable d'exploits. Sur le court, son palmarès est étourdissant : 22 titres en Grand Chelem, 70 autres titres ATP, son Grand Chelem doré en carrière, deux médailles d'or olympiques, cinq victoires en Coupe Davis, 209 semaines en tant que n° 1 mondial, cinq années terminées au poste de n° 1, ainsi que 81 victoires consécutives sur terre battue, un record sur une surface unique dans l'ère Open.

En dehors des courts, il convient de mettre en avant son académie et sa fondation. Il est évidemment trop occupé pour les gérer seul, mais ce n'en sont pas moins de grandes réussites. Lorsqu'il fait le bilan de tout cela, il réalise la chance qu'il a. « Je suis un privilégié,

CI-CONTRE, EN HAUT À GAUCHE :
jouant avec des enfants à Brisbane en 2019.
CI-CONTRE, EN HAUT À DROITE :
participant à une émission TV espagnole, *El Hormiguero*.
CI-CONTRE, EN BAS À GAUCHE :
avec les ramasseurs et ramasseuses de balles après son sacre à Roland-Garros en 2017.
CI-CONTRE, EN BAS À DROITE :
Nadal rentrant à Manacor après un titre à Wimbledon.

BNP PARIBAS

LE MATCH

OPEN D'AUSTRALIE

30 janvier 2022
Melbourne Park, Melbourne (Australie)
Finale : Rafa Nadal vs Daniil Medvedev
Victoire de Rafa Nadal contre Daniil Medvedev 2-6, 6-7, 6-4, 6-4, 7-5

Voici sans doute le retournement de situation le plus spectaculaire de sa carrière. Après avoir été mené deux sets à zéro en finale de l'Open d'Australie puis avoir rebondi pour remporter son 21e titre en Grand Chelem (un record !), c'est ce qu'il a dû ressentir – tout comme ses fans présents à la Rod-Laver Arena.

Les efforts et la débauche d'énergie consentis sous la chaleur humide de Melbourne ont impressionné. Mais ce succès est encore plus éclatant lorsque l'on connaît son parcours jusqu'à cet Open d'Australie.

En fait, il n'était même pas sûr d'y participer. Opéré pour sa blessure chronique au pied, le joueur de 35 ans avait passé la majorité des six mois précédents en convalescence. Cela a limité ses entraînements et encore plus son temps de jeu. À un moment donné, il n'était même pas certain de pouvoir retrouver la compétition. Puis, quelques semaines avant le tournoi, il a contracté la Covid, ce qui a encore plus perturbé sa préparation.

Il est pourtant bien arrivé à Melbourne, avec le statut de tête de série n° 6, mais surtout en grande forme. Au cours des quatre premiers tours, il a perdu un seul set. Mais les choses se sont corsées ensuite : il a dû disputer cinq sets en quart de finale face à Denis Shapovalov, puis quatre sets en demi-finale contre Matteo Berrettini. Alors, quand il s'est retrouvé mené deux sets à zéro par Daniil Medvedev, un joueur russe dix ans plus jeune que lui, les spectateurs ont commencé à se faire une raison. Le sort du match semblait scellé.

Mais avec Rafa, rien n'est jamais perdu. C'est ce qu'il nous a appris tout au long de sa carrière : c'est sans doute le joueur le plus tenace et implacable de l'Histoire. Même quand on le croit mort et enterré.

Alors que Medvedev menait 6-2, 7-6, Rafa a fait appel à ses superpouvoirs pour renverser la vapeur. Le moment clé est intervenu dans le sixième jeu du troisième set, lorsqu'il avait concédé trois points de break. Il a sauvé les trois.

Ensuite, au neuvième jeu, l'Espagnol s'est offert une fenêtre de tir. Medvedev a manqué une volée facile, puis Rafa lui a pris son service avant de remporter le set. C'était tout ce dont il avait besoin pour lancer son phénoménal come-back.

La tension est allée crescendo pendant le quatrième set, au cours duquel il y a eu quinze balles de break. Rafa en a converti deux pour se donner la possibilité de disputer un cinquième set décisif.

Souvent positionné proche de la ligne de fond afin de mettre la pression sur son adversaire, il a exécuté de magnifiques revers slicés et de sublimes amortis. Il a sans doute été aidé par un public bruyant et acquis à sa cause, qui n'hésitait pas à chambrer Medvedev en applaudissant ses erreurs directes. Cela a clairement irrité le Russe, qui est allé jusqu'à demander à l'arbitre de faire taire les fans plus turbulents.

Finalement, après un combat féroce qui a duré cinq heures et vingt-quatre minutes, Rafa s'est offert un jeu blanc au service pour remporter le match. Il en a laissé tomber sa raquette et a secoué la tête avec stupéfaction, ne parvenant pas à croire ce qu'il avait réalisé : un coup de maître, le plus beau des retournements de situation.

« C'est simplement incroyable ! Et ce scénario… ça le rend encore plus unique, décrivait-il après coup. C'est l'un des titres les plus spéciaux de ma carrière, sans aucun doute. Parce que revenir après six mois d'absence, sans savoir si mon pied allait tenir l'intensité d'un match pro, et parvenir à aller jusqu'au bout, c'est totalement inattendu : ça m'a beaucoup surpris. »

Il s'est décrit comme « physiquement détruit ». Le match avait été riche en émotions. Tellement riche qu'il n'est pas parvenu à fermer l'œil cette nuit-là.

« J'ai la chance de réaliser un nouveau petit exploit dans ma carrière, déclara-t-il en recevant son 21e trophée du Grand Chelem. Je me fiche d'être ou non le meilleur joueur du moment ou le meilleur joueur de l'Histoire. »

Mais la modestie de ses mots tranchait avec le sourire rayonnant qui illuminait son visage. Il prouvait que Nadal n'avait qu'une envie : dominer Roger Federer et Novak Djokovic dans la lutte pour le titre de meilleur joueur de tous les temps.

Les félicitations ont vite déferlé du monde entier. « Une finale herculéenne, a déclaré Rod Laver, la légende du tennis australien qui lui a remis le trophée. Avec tout ce que vous avez dû endurer, cette victoire historique est encore plus spéciale, Rafa. Cela a été un privilège de vous regarder évoluer sur le terrain. »

L'ancienne championne américaine Billie Jean King était tout aussi éblouie : « Le mental et le physique requis pour ce marathon qu'est une finale de Grand Chelem de cinq heures requièrent du courage, du cran, de l'enthousiasme et de la détermination. Quel come-back ! »

Même Federer a exprimé son admiration. « Quel match ! a-t-il déclaré. À mon ami et grand rival, toutes mes félicitations pour être devenu le premier homme à remporter 21 titres du Grand Chelem en simple. C'est incroyable. Il ne faut jamais sous-estimer un grand champion. Ton travail, ton dévouement et ta combativité sont une source d'inspiration, pour moi comme pour chacun sur terre. »

LE MATCH

ROLAND-GARROS 2022

5 juin 2022

Stade Roland-Garros, Paris (France)

Finale : Rafa Nadal vs Casper Ruud

Victoire de Rafa Nadal contre Casper Ruud 6-3, 6-3, 6-0

Vingt-deux titres du Grand Chelem en simple. Le nouveau record de Rafa dans l'élite du tennis masculin sera-t-il jamais battu ? Dix-sept ans après son premier sacre à Roland-Garros, Rafa s'y est de nouveau imposé… pour la quatorzième fois. À 36 ans, il a non seulement renforcé sa légende de recordman du nombre de titres Porte d'Auteuil, mais il en est devenu le vainqueur le plus âgé.

Pourtant, dans les semaines qui précédaient cette édition 2022, l'Espagnol était loin d'être le favori pour brandir la coupe des Mousquetaires. Au tournoi ATP Masters de Madrid, il s'était incliné en quarts de finale ; à Rome, il n'a pas passé le troisième tour. Une côte fêlée et une blessure chronique au pied le tourmentaient aussi bien physiquement que mentalement.

À Paris, ses douleurs au pied étaient tellement aiguës qu'il a dû jouer sous infiltration pendant la quinzaine : ce sont ces injections d'anesthésiant qui lui ont permis de tenir. « C'est la raison pour laquelle j'ai pu jouer ces deux semaines : je n'avais aucune sensation dans le pied », a révélé Rafa par la suite.

Ce traitement médical augmentait les risques d'entorse de la cheville sur le court, surtout vu les glissades exigées par la terre battue, mais ce pari a fonctionné admirablement. Lors des trois premiers tours, Rafa n'a perdu aucun set – même s'il affrontait des joueurs peu expérimentés. Le premier véritable test est arrivé au quatrième tour, face à Félix Auger-Aliassime, le Canadien tête de série n° 9 qui est entraîné, ironie du sort, par l'oncle et ancien entraîneur de Rafa : Toni Nadal. Il avait bien préparé son poulain, car Rafa a été forcé de disputer cinq sets pour s'imposer.

En quarts de finale, le Majorquin a retrouvé Novak Djokovic. Dans la 59e confrontation de ce duel historique, Rafa a imposé sa confiance pour remporter facilement le premier set. Djokovic a mis du temps pour entrer dans son match, mais il s'est ensuite montré impitoyable pour enlever la deuxième manche à la force du poignet.

Emirates FLY BETTER
oppo oppo

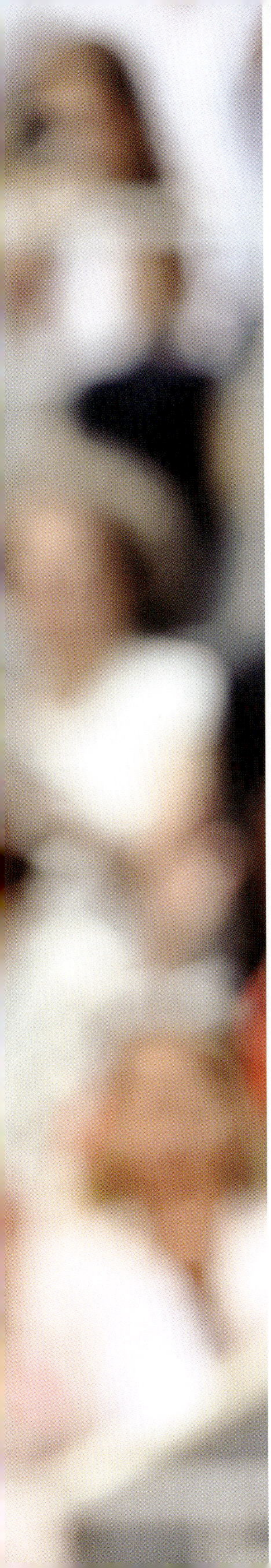

Ce match s'est révélé épique : en fait, il s'agissait d'une finale avant l'heure. Après avoir gagné le troisième set, Rafa s'est retrouvé en difficulté dans le quatrième, concédant deux balles de set. Mais il n'avait clairement pas l'intention de voir la soirée s'étirer jusqu'à un cinquième set. Revigoré, il est revenu à 6-6. En quatre heures et onze minutes de jeu, d'un match débuté en mai et terminé en juin, il est parvenu à battre son grand rival serbe.

« Pour gagner contre Novak, il n'y a qu'une seule solution : jouer à votre meilleur niveau du premier au dernier point, déclarait plus tard Rafa. C'est ce que j'ai réussi faire cette nuit. Quel niveau incroyable ! »

En demi-finale, Rafa dominait la rencontre quand, au deuxième set, son adversaire allemand Alexander Zverev s'est vu contraint à l'abandon après une grave blessure à la cheville.

En finale, il a retrouvé Casper Ruud, un Norvégien de 23 ans – soit treize ans d'écart avec Rafa. Le match n'a pas été une démonstration de prouesses techniques (d'un côté comme de l'autre), mais il proposait un scénario intéressant car Ruud s'entraîne à l'Académie de tennis de Rafa à Majorque, qu'il a rejointe alors qu'il était adolescent. Le Scandinave admet volontiers s'inspirer du style de jeu de Rafa. Ces deux joueurs n'ont pas une relation à la Obi-Wan Kenobi et Luke Skywalker, mais ils se sont entraînés ensemble à plusieurs reprises. Il s'agissait toutefois de leur premier match sur le circuit professionnel.

Pour sa première finale en Grand Chelem, le jeune Norvégien a été trahi par sa nervosité dès le premier point, qu'il perdait sur une faute directe. Le maître, étincelant dans son short vert et son maillot jaune lumineux, n'a pas retenu ses coups face à son padawan : il martelait ses coups droits liftés pour jouer sur le revers de son adversaire et l'acculer dans le coin du court. Il a également multiplié les breaks. Arrivé le troisième et dernier set, Rafa dominait Ruud dans tous les domaines. Il a même remporté les onze derniers jeux pour s'adjuger la victoire. Le dernier set a été bouclé en tout juste trente minutes.

« C'est très difficile de décrire ce que je ressens, a déclaré Rafa devant ses fans sur le court Philippe-Chatrier. Je n'y aurais jamais cru : être ici à 36 ans, être de nouveau compétitif... Jouer sur le court le plus important de ma carrière, ça représente tout pour moi. Je ne sais pas ce que l'avenir nous réserve, mais je vais me battre sans relâche pour continuer. »

RAFA ET L'AUTEUR

Je suis suffisamment âgé pour avoir eu le privilège d'être témoin de l'ensemble de la carrière de Rafa Nadal, de son adolescence précoce à sa trentaine rugissante. J'ai assisté à ses hauts et à ses bas. J'ai vu ses triomphes glorieux et les blessures menaçant sa carrière.

La première fois que j'ai remarqué le Majorquin, c'était en 2000 aux Petits As, qu'il a remporté à Tarbes alors qu'il avait 13 ans. Organisé à Tarbes, ce tournoi est considéré comme un championnat du monde junior, où les jeunes ont l'occasion de se faire connaître. En général, les journalistes sportifs retiennent le nom du vainqueur. Certains lauréats deviennent professionnels, d'autres disparaissent. La voie qui attendait Rafa est rapidement devenu évidente.

C'est en avril 2003 que je l'ai rencontré pour la première fois en chair et en os, au Masters de Monte-Carlo, qu'il découvrait. L'année où il a fait un coup d'éclat en battant le champion en titre de Roland-Garros, Albert Costa. À cette époque-là, je travaillais en tant que journaliste pour un magazine de tennis britannique appelé *Ace*. Pour l'un de mes confrères, qui voyait souvent juste, ce jeune garçon de Majorque avait tous les traits d'un futur champion. J'étais moins convaincu, mais j'ai suivi son intuition et je l'ai interviewé dans la salle de jeux du club. Je me souviens qu'il avait pris la pose pour le photographe à la table de billard.

Lorsque nous nous sommes retrouvés trois ans et demi plus tard, Rafa progressait rapidement sur le chemin du succès. C'était à Paris, en octobre 2006 : la seule et unique fois où j'ai réussi à esquiver la muraille d'attachés de presse et de journalistes qui l'entoure à tout moment. Le magazine GQ m'avait demandé d'écrire un article sur lui et j'avais pris le premier Eurostar pour m'y rendre. Le joueur était l'invité de « Stade 2 » et j'avais un seul créneau : dans la voiture entre son hôtel et les studios TV. Nous avons parlé de son amour pour Majorque («Je suis sûr que je resterai à Majorque jusqu'à être un vieil homme»), de la manière dont il adaptait son jeu pour ne pas avoir à courir autant sur le court, et du scandale de dopage sanguin auquel son nom venait d'être associé ; un point qu'il a balayé nonchalamment d'un « C'est n'importe quoi ».

Rempli d'optimisme, j'ai alors abordé le sujet de sa petite amie, dans le fol espoir qu'il me livre un secret intéressant. «Je ne veux pas parler de ma relation avec ma petite amie, a-t-il répondu. C'est ma vie privée. Parfois, les magazines inventent des histoires et utilisent des photos privées. Je n'aime pas ce genre de médias. »

Au fil des années, j'ai eu quelques autres occasions de parler à Rafa. Mais la plupart du temps, c'était dans la mêlée des conférences de presse, où il est virtuellement impossible de glaner grand-chose d'autre que des platitudes sur le match qu'il vient de jouer.

Ce dont j'avais réellement envie, c'était de le rencontrer sur ses terres. C'est arrivé quelques années plus tard, cette fois grâce à son sponsor d'équipements sportifs, qui m'avait payé le vol jusqu'à Majorque afin de l'interviewer pour le magazine GQ, principalement au sujet de son conditionnement physique.

Je suis arrivé à son centre d'entraînement (c'était avant qu'il ne bâtisse sa propre académie) et j'ai passé la majorité de la journée à attendre l'interview promise. Son attaché de presse jouait avec mes nerfs en repoussant sans cesse l'horaire. La rencontre matinale programmée s'est transformée en discussion autour d'un repas, puis a été annulée et reportée à l'après-midi.

Finalement, en fin d'après-midi et bien loin de l'endroit prévu à l'origine, j'ai enfin eu les honneurs d'une audience (qui est évidemment passée de trente à vingt minutes). Mais comme à son habitude, Rafa a été charmant. Nous avons eu une discussion très amicale sur ses exercices d'entraînement, sa blessure au genou, son coup droit lasso, le succès des sportifs espagnols, son amour pour les gambas à la plancha, la musique qu'il écoutait en s'entraînant (principalement du Bon Jovi). Je pense honnêtement qu'il n'avait aucune idée que j'avais attendu toute la journée et qu'il aurait été mortifié si je le lui avais dit.

Mes quatre rencontres avec Rafa au fil des années m'ont laissé la même impression. C'est un garçon charmant et agréable. S'il est immensément riche (et à raison, vu les efforts qu'il consent), il n'est pas intéressé par les pièges du traitement VIP réservé aux célébrités mondiales. Il ne dégage pas non plus cette électricité que certaines stars mondiales produisent. C'est sans doute pour cela que tant de personnes le décrivent comme ayant « les pieds sur terre ». Et il s'intéresse presque exclusivement au sport, que ce soit le tennis, le football, le golf ou la pêche.

Dans cinquante ans, quand Rafa sera un vieux monsieur, il ne jouera évidemment plus au tennis ni au beach soccer. Mais il sera toujours sur son île méditerranéenne. Ne soyez pas surpris de le croiser sur un parcours de golf ou sur son yacht en train de pêcher. Même s'il aura peut-être changé de modèle de bateau d'ici là.

INDEX

Tous mes remerciements à Lorenzo Cazzaniga (journaliste et directeur de *Tennis Magazine Italia* et de *Padel Magazine*) pour sa précieuse contribution concernant la vie de Rafa à Majorque.

BIBLIOGRAPHIE CHOISIE

- *Rafa*, par Rafael Nadal et John Carlin (J.-C. Lattès, 2012).
- *Coups de génie : Federer, Nadal, et le plus grand match de l'histoire du tennis*, par L. Jon Wertheim (Premium, 2013).
- *Roger Federer & Rafael Nadal: The Lives and Careers of Two Tennis Legends*, par Sebastian Fest (non traduit, Skyhorse, 2018).
- *Bounce: The Myth of Talent and the Power of Practice*, par Matthew Syed (non traduit, Fourth Estate, 2010).
- *The Best: How Elite Athletes Are Made*, par Mark Williams et Tim Wigmore (non traduit, Nicholas Brealey, 2020).
- *Lonely Planet Majorque* (Lonely Planet, 2018).
- *The Rough Guide to Mallorca & Menorca* (non traduit, Rough Guide, 2019).
- *Babolat: An Ongoing Match*, édité par François Perrin (non traduit, Babolat 2011).
- *Dico culture illustré de Roland-Garros*, par Julien Pichené et Christophe Thoreau (R & Co, 2013).
- *Rafael Nadal : maître sur terre*, par Jaume Pujol-Galceran et Manel Serras (Éd. Prolongations, 2008).
- *Rafa, mon amour*, par Simon Alves et Remi Capber (Flora Consulting, 2013).
- *Rafael Nadal*, par Tom Oldfield (Premium 95, 2011).
- *Right Hand, Left Hand: The multiple award-winning true life scientific detective story*, par Chris McManus (non traduit, W&N, 2003).
- « Superstition' in the "pigeon" », par Burrhus Frederic Skinner (non traduit, *Journal of Experimental Psychology*, 1948, vol. 38).
- « The advantage of being left-handed in interactive sports », par Norbert Hagemann (non traduit, *Attention, Perception & Psychophysics*, 2009)

CRÉDITS PHOTOS

7 Quality Sport Images/Getty Images; 8-9 PIERRE-PHILIPPE MARCOU/AFP/Getty; 10-11 AOP.Press/Manuel Blondeau/Corbis/Getty; 12-13 Frank Coppi/Popperfoto/Getty; 14 Juergen Hasenkopf/Alamy Stock Photo; 15L Xavier Cailhol/Icon Sport/Getty; 15R AOP.Press/Manuel Blondeau/Corbis/Getty; 16-17 AOP.Press/Manuel Blondeau; 19 Europa Press/Europa Press Entertainment; 21 Julian Finney/Getty; 26-27 Clive Brunskill/Getty; 29 Clive Brunskill/Getty; 31 Alex Livesey/Getty; 32-33 WENN Rights Ltd/Alamy Stock Photo; 34-35 JAIME REINA/AFP/Getty; 37T JAIME REINA/AFP/Getty; 37B REUTERS/Alamy Stock Photo; 39L JAIME REINA/AFP/Getty; 39R MANUEL TORRES/AFP/Getty; 42T- 42B Europa Press/Europa Press Entertainment/Getty; 43TL JAIME REINA/AFP/Getty; 43TR Trujillo/Quality Sport Images/Getty; 43B Europa Press/Europa Press Entertainment/Getty; 44-45 Quality Sport Images/Getty; 47 REUTERS/Alamy Stock Photo; 48 Michael Bradley/Getty; 50-51 Fiona Hanson/PA Images/Alamy Stock Photo; 52-53 Sean Dempsey/PA Images/Alamy Stock Photo; 54 Joan llado/Alamy Stock Photo; 56 BERTRAND GUAY/AFP/Getty; 59 Donald Miralle/Getty; 62T Cynthia Lum/Getty; 62B CHRISTOPHE SIMON/AFP/Getty; 63TL-63TR Clive Brunskill/Getty; 63B CHRISTOPHE SIMON/AFP/Getty; 64-65 CRISTINA QUICLER/AFP/Getty; 66-67 Christophe Dupont Elise/Icon SMI/Icon Sport Media/Getty; 68-69 Ian Walton/Getty; 70-71 Julian Finney/Getty; 73 Tim Clayton/Corbis/Getty; 74-75 Clive Brunskill/Getty; 78 TPN/Getty; 79 Manuel Queimadelos Alonso/Getty; 80-81 Tim Clayton/Corbis/Getty; 82-83 Clive Brunskill/Getty; 84-85 Clive Brunskill/Getty; 86-87 Matthew Ashton/AMA/Corbis/Getty; 88-89 Thomas Pictures/Jean Paul Thomas/Icon Sport/Getty; 91 Alex Caparros/Getty; 92 THOMAS COEX/AFP/Getty; 95 Tim Clayton/Corbis/Getty; 96T Clive Brunskill/Getty; 96B Ben radford/Corbis/Getty; 97T Quinn Rooney/Getty; 97B Cameron Spencer/Getty; 102 Paul Kane/Getty; 103 2H0KR2N/Alamy Stock Photo (indisponible) ; 104-105 Tommy Hindley/Professional Sport/Popperfoto/Getty; 107 JACK GUEZ/AFP/Getty; 108TL Christian Liewig/Corbis/Getty; 108TR JACK GUEZ/AFP/Getty; 108BL CHRISTOPHE SIMON/AFP/Getty; 108BR Jack GUEZ/AFP/Getty; 110-111 CHRISTOPHE SIMON/AFP/Getty; 112-113 Erick W. Rasco/Sports Illustrated/Getty; 114-115 Ian Johnson/Icon Sportswire/Getty; 117T Olivier Andrivon/Icon Sport/Getty; 117B Maria Muina/MAPFRE/Volvo Ocean Race/Getty; 118-119 Dusko Despotovic/Corbis/Getty; 122 Getty/Staff; 124 Olivier Andrivon/Icon Sport/Getty; 125T Carlos Alvarez/Getty; 125B JASPER JUINEN/AFP/Getty; 126 ERICK MARFIL/AFP/Getty; 127T Xinhua/Alamy Stock Photo; 127B JAIME REINA/AFP/Getty; 128-129 Ashley Vlotman/Gallo Images/Getty; 130-131 Clive Brunskill/Getty; 133 Ben Radford/Corbis/Getty; 136TL Alan Crowhurst/Bloomberg/Getty; 136TR Leo Mason/Popperfoto/Getty; 136B David Ashdown/Getty; 137T Julian Finney/Getty; 137B Ryan Pierse/Getty; 138-139 Clayton/Corbis/Getty; 140-141 Wamodo/Alamy Stock Photo; 142-143 TPN/Getty; 144 Clive Mason/Getty; 145 TPN/Getty; 146 Julian Finney/Getty; 148T Clive Brunskill/Getty, 148BL Clive Brunskill/Getty; 148BR Elsa/Getty; 149 Tnani Badreddine/Quality Sport Images/Getty; 150 Dave Winter/Icon/Getty; 151 Ian MacNicol/Getty; 152 Michele Eve Sandberg/Corbis/Getty; 153 Xavier Bonilla/NurPhoto/Getty; 155 Xavier Bonilla/NurPhoto/Getty; 156L JACQUES DEMARTHON/AFP/Getty; 156R Jean Catuffe/Getty; 159L Jean Catuffe/Getty; 159R Zixia/Alamy Stock Photo; 160TL John Berry/Getty; 160TR Robert Laberge/Getty; 160B Clive Brunskill/Getty; 163TL TPN/Getty; 163TR Clive Brunskill/Getty; 163BL James D. Morgan/Getty; 163BR GLYN KIRK/AFP/Getty; 166-167 PETER PARKS/AFP/Getty; 168L-168R PHILIPPE HUGUEN/AFP/Getty; 169 BEHROUZ MEHRI/AFP/Getty; 170-171 Zixia/Alamy Stock Photo; 172-173 Lalo Yasky/Getty; 174-175 FRANCK FIFE/AFP/Getty; 176-177 Spanish Royal Press Dept/Borja Fotógrafos/Handout/Getty; 178 REUTERS/Alamy Stock Photo; 180-181 Stuart Franklin/Getty; 182 China Photos/Getty; 184-185 Angel Martinez/Real Madrid/Getty; 186-187 Clive Brunskill/Getty; 188 STAN HONDA/AFP/Getty; 189 TIMOTHY A. CLARY/AFP/Getty; 190-191 STAN HONDA/AFP/Getty; 192-193 Clive Brunskill/Getty; 194-195 Jean Catuffe/GC Image/Getty; 196 JAVIER SORIANO/AFP/Getty; 197 BERTRAND GUAY/AFP/Getty; 198-199 Rob Tringali/SportsChrome/Getty; 200-201 Clive Brunskill/Getty; 202-203 David Aliaga/MB Media/Getty; 204T-204B Fundacion Rafa Nadal/Getty; 207 Robert Marquardt/Getty; 209TL Tim Clayton/Corbis/Getty; 209TR John Berry/Getty; 209B Stephane Cardinale/Corbis/Getty; 210 Shaun Botterill/Getty; 211 Stephane Cardinale/Corbis/Getty; 212-213 Tim Clayton/Corbis/Getty; 214-215 Nemesio Jiménez/Alamy Stock Photo; 216-217 Ben Radford/Corbis/Getty; 218-219 Matthieu Mirville/Icon Sport/Getty; 220 Stephane Cardinale/Corbis/Getty; 221 Clive Brunskill/Getty; 222 Julian Finney/Getty; 223 Abaca Press/Alamy Stock Photo; 227TL SAEED KHAN/AFP/Getty; 227TR Juan Naharro Gimenez/Getty; 227BL ERIC FEFERBERG/AFP/Getty; 227BR WENN Rights Ltd/Alamy Stock Photo; 229 Andy Cheung/Getty; 230BL Mehdi Taamallah/NurPhoto/Getty; 230BR Tim Clayton/Corbis/Getty; 231 Tim Clayton/Corbis/Getty; 233T Clive Brunskill /Staff/Getty Images; 233B Adam Pretty/Staff/Getty Images; 234 John Berry/Getty Images

Illustrations créées par Darren Jordan